민법사례연구

채권각론편

민법사례연구 (채권각론편)

초판 1쇄 인쇄 2021년 9월 10일
초판 1쇄 발행 2021년 9월 15일

지은이 이선희
펴낸이 신동렬
책임편집 신철호
편 집 현상철 · 구남희
마케팅 박정수 · 김지현
외주디자인 아베ㄲ

펴낸곳 성균관대학교 출판부
등록 1975년 5월 21일 제1975-9호
주소 03063 서울특별시 종로구 성균관로 25-2
대표전화 02)760-1253~4
팩시밀리 02)762-7452
홈페이지 press.skku.edu

ISBN 979-11-5550-491-8   93360

잘못된 책은 구입한 곳에서 교환해 드립니다.

民法事例研究

민법사례연구

債權各論編

채권각론편

이 선 희 著

성균관대학교
출 판 부

| 서문 |

    2014. 8. 로스쿨 3학년생을 위한 교재로서 민사법사례연구를 펴낸 바 있다. 그런데 1학년생들에게 사례답안은 어떻게 작성하면 되는지에 대한 많은 질문을 받았고, 이에 1학년 로스쿨 학생을 위한 사례집으로서 민법사례연구를 펴내기로 마음먹었다. 때마침 2020년 1학기를 연구학기를 지내면서 다음 학기의 과목인 물권편을 시작으로 삼아서 책을 펴내었다.

    이번에는 민사법사례연구에서도 충분히 다루지 못한 계약각론과 사무관리·부당이득·불법행위 부분을 민법사례연구의 채권각론으로 펴낸다. 아마도 다음 작업은 민법총칙과 채권총론, 계약총론을 다루는 계약법이 되지 않을까 생각한다.

    이번 채권각론은, 계약법을 공부한 것을 전제로 대표적인 연구주제들을 선정한 후 각 주제에 대하여 가장 기본적인 내용을 담고 있는 사례와 문제를 제시하였고, 문제에 대한 결론에 이르는 논리적인 과정을 답안에 현출하는 방법을 익히도록 하였다. 필자가 강의시간에 다루거나 중간고사·기말고사문제로 출제한 사례들을 모아 정리하였고, 변호사시험과 법전협 모의시험 문제 중 비교적 논점이 복

잡하지 않은 것을 선별하여 추가하였다. 그리고 채권각론의 범위를 넘어서 민법총칙, 채권총론, 계약총론이나 물권법과 연관되는 문제를 관련문제로 다루었다. 각 주제의 말미에는 법전협이 선정한 민법 표준판례를 간략히 덧붙였다.

이 교재가 학생들의 공부에 작은 도움이 되기를 희망한다. 아울러 바쁜 시간을 쪼개어 교정작업에 도움을 준 로스쿨 2학년 제자들에게도 감사드린다.

2021. 8.

성균관대학교 법학관 연구실에서 저자 이선희

┌─ 표준판례의 표시 : ─────────────────────

본문 중 *표시를 한 판례는 법전원협의회가 2020년 발행한 「민법표준판례」에 수록된 표준판례이다.
본문 말미에 정리한 표준판례의 번호는 위 「민법표준판례」의 일련번호를 표시한 것이다.

| 목차 |

제1문

매매 – 매도인의 담보책임[1]

I. 乙은 甲으로부터 X 토지를 매수하여 2005. 6. 3. 인도 및 소유권이전등기를 마친 후, 丙에게 대금 1억 원에 매도하고 2007. 3. 2. X 토지의 소유권을 넘겨주었다. 丙은 2015. 3. 3. 비로소 건물신축공사를 위한 부지조사를 하는 과정에서 매립된 산업폐기물을 발견하고, 같은 해 4. 3. 그 처리비용으로 2천만 원을 지출하였다. 丙이 위 처리비용을 지출한 후 알아본 결과, 甲이 X 토지를 소유하고 있었던 2004. 8. 3. 관련 법률을 위배하여 불법으로 산업폐기물을 매립하였고, 乙은 위와 같은 사실을 과실 없이 알지 못하고 위와 같이 오염된 X 토지를 丙에게 순차 매매한 것임이 밝혀졌다.

---

1) 법전협 2020-3 제2문의 1 문제2; 법전협 2019-1 제2문의 3; 법전협 2014-3 제1문의 3 문2, 제2문의 1 문1; 법전협 2012-3 제1문 문5.

1. 丙은 2016. 1. 乙을 상대로, 위 지출한 폐기물처리비용을 상환받기 위한 청구를 하고자 한다. 필요한 이론을 구성하고 해당 법조문을 적시하라.

2. 乙은 丙으로부터 X 토지에 매립된 폐기물을 발견하였다는 통지를 2015. 3. 5. 받고, 2015. 8. 17. 내용증명우편을 발송하여 甲에게 위 폐기물의 발견 사실을 알리는 동시에 위 폐기물을 처리하여 줄 것과 미처리 시 손해배상을 청구할 예정이라고 통지하였다.

그리고 丙이 乙을 상대로 제기한 손해배상청구소송의 승소판결이 2017. 1. 5. 확정되자, 乙은 丙에게 위 판결에 따른 손해배상금을 지급한 후 2017. 11. 5. 甲을 상대로 하자담보책임을 물어 丙에게 기지급한 돈의 배상을 구하는 소를 제기하였다.

乙이 甲을 상대로 제기한 위 손해배상청구소송과 관련하여 어떤 내용의 판결(소 각하, 청구인용, 청구기각)이 선고될 것인지를, 소멸시효 완성 또는 제척기간 준수(특히 기산점을 명시할 것)의 관점에서 설명하라.

I-1

A. 문제의 소재

토지는 특정물이고, 사안과 같이 토지 중에 매립된 폐기물의 정화가 법률상 요구된다면 위 매립된 폐기물은 토지의 하자에 해당하여, 하자담보책임에 관한 제580조의 적용 대상이다.

B. 청구의 내용

제580조는 제575조를 준용하는바, 이에 따르면 매수인이 매매목적물의 하자를 알지 못한 때에는 이로 인하여 계약의 목적을 달성할 수 없는 경우에 한하여 계약을 해제할 수 있고, 기타의 경우에는 손해배상만을 청구할 수 있다. 그러나 매수인이 하자있는 것을 알았거나 과실로 인하여 이를 알지 못한 때에는 담보책임을 물을 수 없다.

따라서 乙에 대하여 매도인의 하자담보책임을 묻는 손해배상청구를 할 수 있다. 위 하자로 인하여 계약의 목적을 달성할 수 없는 경우라고는 볼 수 없으므로 계약 해제는 불가능하여 대금반환청구는 할 수 없다. 위 매도인의 하자담보책임은 무과실책임으로서, 매매계약 당시에 토양오염이라는 원시적 하자가 있었던 이상, 그 하자의 발생 등에 대하여 매도인의 과실 없이도 성립한다. 사안에서는 위 손해배상청구를 위하여 필요한 매수인 丙의 선의, 무과실요건을 충족하고 제척기간(제582조 - 하자가 있음을 안 날로부터 6개월)도 준수하였다.

참고로, 사안에서는 확대손해를 이유로 하는 채무불이행책임은 물을 수 없다. 乙의 귀책이 인정되지 않기 때문이다.

I-2

A. 문제의 소재

하자담보책임에 대해서는 제척기간에 관한 제582조의 규정이 있다. 그런데 하자담보책임을 추궁하는 권리행사에 있어서 제척기간을 준수한 경우에도 채권을 행사할 수 있는 때로부터 상당한 기간이 경과하여 소멸시효가 완성된 경우에 위 하자담보책임을 물을 수 있는지가 문제된다.

B. 사안의 해결

하자담보책임의 제척기간은 매도인이 하자가 있음을 안 날로부터 6개월(제582조)인데, 사안에서는 乙이 丙으로부터 X 토지에 매립된 폐기물을 발견하였다는 통지를 받은 2015. 3. 5. 부터 기산하여 그 6개월 내인 2015. 8. 17. 내용증명우편의 발송으로 제척기간 준수의 효과가 발생하였다. 제척기간은 재판상·재판외 권리행사기간으로서 반드시 소 제기로써만 가능한 것은 아니기 때문이다.

그런데 하자담보책임을 구성하는 손해배상청구의 소는 제척기
간의 적용을 받지만 이로 인하여 채권 소멸시효 규정의 적용이 배제
된다고 볼 수 없다(대판 2011. 10. 13. 2011다10266).

위 손해배상청구권은 일반채권으로서 권리를 행사할 수 있는 때
로부터 10년의 소멸시효에 걸리는데, 乙이 甲으로부터 부동산을 인
도받은 날이 위 기산점이 되는 권리를 행사할 수 있는 날이라고 할
것이다(위 2011다10266). 그런데 乙이 위 인도받은 2005. 6. 3.을 기
준으로 하여도 10년이 경과한 후 소를 제기하였으므로, 乙의 위 손
해배상청구권은 이미 소멸시효 완성으로 소멸되었다.

C. 결론

乙의 청구는, 제척기간 내에 제시하였지만 소멸시효가 완성되었
는바, 甲이 적절하게 소멸시효항변을 한 경우(변론주의 적용)에 위 청
구는 기각된다.

Ⅱ. 甲은 乙로부터 X 토지 및 그 지상의 건물을 매수하고, 甲
앞으로 2014. 3. 31. 각 소유권이전등기가 마쳐졌다.

그런데 위와 같이 甲이 매수한 토지 및 건물의 각 일부가
실제로는 이웃하는 토지에 속하거나 그 이웃 토지 위에 건립되
어 있었다. 두 토지를 구분하는 옹벽 또는 울타리가 일찍부터
지적부상의 경계와는 달리 잘못 쌓여져 있었던 것이다.

그리하여 2015. 3. 10. 이웃 토지의 소유자가 甲을 상대로 그와 같이 자신의 소유권을 침범하는 건물 부분의 철거, 토지 부분의 인도를 구하는 소송을 제기하였고 2015. 9. 10. 甲의 패소판결이 선고되어, 그 무렵 확정되었다. 위 판결에 기하여 甲은 위 건물 부분을 철거하고 점유 토지를 인도하였는데, 이와 관련하여 측량비용으로 150만 원, 철거비용으로 1,500만 원을 지출하였다.

甲은 2016. 2. 5. 乙을 상대로 손해배상으로서 1,650만 원의 지급을 구한다. 乙이 위 매매계약당시 X 토지 및 건물이 그 이웃토지를 침범하고 있는 사실을 알았다거나 알 수 있었다고 볼 증거는 없다.

乙이 甲에게 부담하게 될 손해배상책임(책임의 성질 및 조문을 명시)에 대하여 논하라.

A. 결론

매도인의 담보책임을 물어 제572조의 유추적용에 의한 동조 3항 소정의 손해배상을 청구할 수 있다.

B. 논거

매매계약에서 건물과 그 대지가 계약의 목적물인데 건물의 일부가 경계를 침범하여 이웃 토지 위에 건립되어 있는 경우에 매도인이 그 경계 침범의 건물부분에 관한 대지부분을 취득하여 매수인에게 이전하지 못하는 때에는 매수인은 매도인에 대하여 민법 제572조를 유추적용하여 담보책임을 물을 수 있다고 할 것이다. 매매목적물인 건물부분의 존립자체에 대한 권리가 흠결된 것으로서 매매의 목적이 된 권리의 일부가 타인에게 속하는 경우에 준하기 때문이다.[2][3]

사안에서 이웃 토지의 소유자가 소유권에 기하여 그와 같은 방해상태의 배제를 구하는 소를 제기하여 승소의 확정판결을 받았으면, 이제 다른 특별한 사정이 없는 한 매도인은 그 대지부분을 취득하여 매수인에게 이전할 수 없게 되었다고 봄이 상당하므로 제572조 제1항의 요건을 충족하고, 위 1,650만 원은 이로 인한 손해

---

2) 제572조는 매매목적물의 일부가 타인에게 속하는데 매도인이 이를 취득하여 매수인에게 이전할 수 없는 경우 매도인의 담보책임에 대하여 규정하고 있다. 그러므로 건물 및 대지의 매매에서 그 대지의 일부만이 타인에게 속하는 경우에 위 규정이 적용됨에는 의문이 없다. 그런데 그러한 경우 중에는 건물의 일부도 타인의 토지 위에 건립되어 있는 경우도 있을 것이다. 후자의 경우에 매매목적물인 건물의 일부가 그 피침범토지 소유자의 권리행사에 좇아 결국 이를 철거하여야 하는 등 그 존립을 유지할 수 없는 운명에 있다고 하면, 이는 매도인에게 그 건물부분의 존립 자체에 관한 권리가 흠결된 것으로서 종국적으로는 매매목적물을 취득하지 못하게 되는 바의 전형적인 위험요소가 당해 매매계약에 내재하고 있다는 흠이 있어, 앞서 본 대지의 일부만이 타인에게 속하는 경우 또는 나아가 일반적으로 매매목적물인 건물의 일부만이 타인에게 속하는 경우에 준하여 처리되어야 할 것이다.

3) 한편 제575조 제2항은 매매의 목적인 부동산을 위하여 존재할 지역권이 없는 경우 매도인의 담보책임에 대하여 규정하나, 이는 목적물 용익의 편의에 관한 권리가 없는 경우에 관한 것으로서 위와 같이 건물의 존립을 위한 권리가 없는 경우에 유추적용할 것이 못 된다. 또한 제580조는 매매목적물의 물질적 성상에 흠이 있는 경우에 관한 것으로서, 사안과 같이 매매목적물의 권리상태에 흠이 있는 경우에 적용될 수 없다(위 2009다33570).

를 볼 수 있다(대판 2009.7. 23. 2009다33570, 서울동부지법 2009. 3. 27. 2008나7668 참조).

참고로, 이 사건 건물 현황이 도면과 달리 이웃 토지를 침범하고 있는 것을 사안에서와 같이 乙이 알거나 알 수 있었던 것이 아니라면, 이를 측량하여 매수인인 甲에게 매도할 주의의무가 없으므로 불법행위 또는 채무불이행책임을 부담하는 것은 아니다.

Ⅲ. 甲은 2012. 11. 10. 자동차회사 乙로부터 신차를 구입하여 대금 1억 원을 지급하고 자동차를 인도받았으며, 그 날 소유권이전등록도 마쳤다.

甲이 이 자동차를 사용하기 시작한 직후부터 계기판의 속도계가 작동하지 않는 하자가 발생하였다. 위 하자는 계기판 자체에 기계적 고장이 발생하여 계기판을 교체하여야 하는것인데, 비교적 간단한 절차 및 방법에 의하여 큰 비용을 들이지 않고서도 손쉽게 치유될 수 있는 것이었다. 반면 이 사건 매매계약의 목적물은 고가의 승용차로서 등록이나 사용으로 인한 가치의 감소가 다른 물건에 비하여 상대적으로 커서 乙 회사가 다른 신차로 교환하여 줄 경우에 위 甲의 주행거리에 따른 가치하락분인 1,000만 원 정도의 불이익을 입게 되는 사정이 있다.

甲이 乙을 상대로 물을 수 있는 하자담보책임의 내용과 그에 대한 판례의 논리를 설명하라.

A. 문제의 소재

자동차는 종류물로서 하자담보책임에 관한 민법 제581조의 적용 대상이다. 위 제581조 제1항이 준용하는 제580조 제1항, 제575조 제1항에 따르면, 종류물이 특정된 후에 하자가 있을 때 선의·무과실의 매수인은 하자로 인하여 계약의 목적을 달성할 수 없는 경우에 한하여 계약을 해제할 수 있고, 계약의 목적을 달성하는 데에 지장이 없다면 손해배상만을 청구할 수 있다. 그런데 제575조 제2항은 완전물급부청구권에 계약의 목적달성 가능여부에 따른 제한을 두지 않는바, 목적달성에 지장이 없을 경우에도 완전물급부청구권을 행사할 수 있는지가 문제된다.

B. 완전물급부청구권의 제한

민법의 하자담보책임에 관한 규정은 매매라는 유상·쌍무계약에 의한 급부와 반대급부 사이의 등가관계를 유지하기 위하여 민법의 지도이념인 공평의 원칙에 입각하여 마련된 것인데, 종류매매에서 매수인이 가지는 완전물급부청구권을 제한 없이 인정하는 경우에는 오히려 매도인에게 지나친 불이익이나 부당한 손해를 주어 등가관계를 파괴하는 결과를 낳을 수 있다. 따라서 매매목적물의 하자가 경미하여 수선 등의 방법으로도 계약의 목적을 달성하는 데 별다른 지장이 없는 반면 매도인에게 하자 없는 물건의 급부의무를 지우면 다른 구제방법에 비하여 지나치게 큰 불이익이 매도인에게 발생되는 경우와 같이 하자담보의무의 이행이 오히려 공평의 원칙에 반하는 경우에는, 완전물급부청구권의 행사를 제한함이 타당하다. 그리고 이러한 매수인의 완전물급부청구권의 행사에 대한 제한 여부는 매매목적물의 하자의 정도, 하자 수선의 용이성, 하자의 치유가능성 및 완전물급부의 이행으로 인하여 매도인에게 미치는 불이익의 정도 등의 여러 사정을 종합하여 사회통념에 비추어 개별적·구체적으로 판단하여야 한다.

사안에서 해당 하자는 계기판 모듈의 교체로 큰 비용을 들이지 않고서도 손쉽게 치유될 수 있는 것으로서 수리에 의하더라도 신차 구입이라는 매매계약의 목적을 달성하는 데에 별다른 지장이 없고, 하자보수로 자동차의 가치하락에 영향을 줄 가능성이 희박한 반면, 매도인인 乙 회사에 하자 없는 신차의 급부의무를 부담하게 하면 다른 구제방법에 비하여 乙 회사에 지나치게 큰 불이익이 발생되어서 오히려 공평의 원칙에 반하게 된다. 따라서 매수인인 甲의 완전물급부청구권 행사를 제한하여 이를 허용하지 않는다(대판 2014. 5. 16. 2012다72582).

C. 결론

손해배상청구권은 행사할 수 있으나 해제권이나 완전물급부청구권을 행사할 수는 없다.

Ⅳ. 乙은 甲으로부터 Y 부동산을 대금 5억 원에 매수하는 계약을 체결하고, 계약금과 중도금만 지급한 상태에서 丙에게 Y 부동산을 매매대금 6억 원(당시의 시가에 기한 것임)에 매도하고 대금 전액을 수령하였다. 丙은 등기부등본을 확인하는 과정에서 乙이 아직 소유권을 취득하지 못한 점을 알고 있었다. 그런데 甲은 乙의 잔금미지급을 이유로 매매계약을 해제하고 Y 부동산을 丁에게 매도한 후 이전등기를 경료해 주었다(위 이전등기 시점에서 Y 부동산의 시가는 6억 5천만 원).

丙은 乙을 상대로 위 계약을 해제하고 손해배상을 구하고자 한다. 그 소송에서 승소하기 위하여서는 어떤 법률적 근거(조문을 명시)에 기하여 손해배상으로는 얼마를 구할 수 있는가?(계약해제에 의하여 반환받을 대금액수는 공제하며, 지연손해금은 명시하지 않는다). 미등기전매가 타인권리의 매매에 해당한다고 보는 견해와 그렇지 않은 견해로 나누어 서술하라.

A. 미등기전매가 타인권리 매매에 해당하지 않는다고 볼 경우

부동산물권변동에 있어서 성립요건주의를 취하는 현행 민법상 소유권이전등기를 경료하지 않은 매수인은 당해 부동산을 대한 소유권을 취득하지 못하며, 미등기전매의 매도인이 당연히 법률상·사실상 처분권한에 기하여 매매계약을 체결한 것이라고 단정하기 어

럽다.

이 견해에 의하면, 타인권리매매에서 매도인의 담보책임에 관한 제570조는 적용되지 않고, 일반 채무불이행에 의하여 사안을 처리하게 된다. 사안에서 甲이 乙의 잔대금채무 불이행을 이유로 Y 부동산에 대한 乙과의 매매계약을 해제하고 이를 丁에게 양도함으로써, 乙이 丙에게 소유권을 이전해 줄 의무는 이행불능이 되었다. 따라서 乙은 丙에 대하여 소유권을 이전해 줄 채무불이행을 이유로 한 손해배상의무가 있다(546조, 551조, 390조). 이 때 손해액 산정의 기준시점은 乙의 丙에 대한 소유권이전등기의무가 사회통념상 불능이 된 시점이라고 할 것인데, 구체적으로는 甲이 丁에게 소유권을 이전해 준 시점이다.

따라서 위 시점에서 Y 부동산의 시가인 6억 5천만 원에서 매매대금 6억 원을 공제한 금액 5천만 원을 乙이 丙에게 배상하여야 한다.

B. 타인권리매매에 해당한다는 견해에 의하는 경우

부동산물권변동에 관하여 성립요건주의를 취하는 우리 민법상 부동산 매매계약의 매수인이 소유권이전등기를 마치지 않았다면 그 부동산에 대한 권리를 취득하지 못하며, 따라서 이러한 지위에 있는 자가 당해 부동산을 매도한다면 타인권리매매에 해당한다고 볼 수 있다. 그런데 이 경우에 매수인이 매도인의 권리 없음을 알았다면 제570조 2문에 의하여 매도인에게 담보책임으로서 손해배상을 청구할 수 없다. 사안에서 미등기전매에 있어서 매수인 丙은 Y 부동산의 소유권이 乙에게 속하지 아니함을 알았으므로 제570조에 의한 담보책임을 물어 乙에게 손해배상을 청구할 수는 없다.

그렇지만 매도인이 권리를 취득하여 매수인에게 이전하여야 할 매도인의 의무가 매도인의 귀책사유로 인하여 이행불능이 되었다면 채무불이행 일반의 규정에 따라 계약을 해제하고 손해배상을 청구할 수 있다. 따라서 위 A.의 경우와 마찬가지로 채무불이행으로 인한 손해배상금 5천만 원을 乙이 丙에게 배상하여야 한다.

[표준판례]

574. 타인권리매도인의 담보책임

대법원 1967. 5. 18. 선고 66다2618 전원합의체 판결

: 타인의 권리를 매매하였으나 이행불능이 된 경우에 매수인이 받을 손
해배상의 범위(이행이익)

575. 하자담보책임에 있어서 하자의 개념

대법원 1997. 5. 7. 선고 96다39455 판결

: 통상의 품질이나 성능을 갖추고 있는 목적물이 특수한 품질이나 성능
을 갖추고 있지 못하여 하자가 있다고 인정할 수 있기 위한 요건 – 매도
인이 그러한 품질과 성능을 갖춘 제품이라는 점을 명시적으로나 묵시적
으로 보증하고 공급하였다는 사실이 인정되어야만 함.

576. 하자담보책임과 채무불이행책임의 경합

대법원 2004. 7. 22. 선고 2002다51586 판결

: 성토작업을 기화로 다량의 폐기물을 은밀히 매립한 토지의 매도인이
협의취득절차를 통하여 공공사업시행자에게 이를 매도함으로써 매수인
에게 토지의 폐기물처리비용 상당의 손해를 입게 한 경우, 불완전이행의
채무불이행책임과 하자담보책임이 경합적으로 인정된다고 한 사례

577.종류물 매도인의 하자담보책임

대법원 2014. 5. 16. 선고 2012다72582 판결

: 종류매매에서 하자담보의무의 이행이 공평의 원칙에 반하는 경우 매수인의 완전물급부청구권 행사를 제한할 수 있는지 여부(적극)

제2문

임대차[1]

I. 기초사실 :

甲은 2020. 7. 1. 乙에게 Y건물을 임대차보증금 2억 원, 차임 월 200만 원(매월 20일 지급), 임대기간 2년(2020. 7. 21.부터), 乙이 이 사건 건물을 일부 개·보수 하더라도 임대차가 종료되면 자신의 비용으로 원상복구하기로 약정하여 임대하고, 위 임대기간이 개시되기 전에 乙의 간청에 따라 乙의 음식점영업을 위한 내부공사를 위하여 2020. 7. 10. 위 건물을 인도하였으며, 乙은 甲에게 2020. 7. 21. 위 임대보증금을 지급한 바 있다.

乙은 甲으로부터 Y건물을 인도받은 후 2020. 7. 중순 및 하순경 음식점 영업을 위한 내부공사뿐 아니라 4천만 원을 들여

---

1) 변시 2021년 제10회 제2문의 1 문제1; 법전협 2019-2 제2문의 3 문제1; 법전협 2017-1 제2문의 2 문제1; 법전협 2015-3 제2문의 1 문2; 법전협 2015-1 제2문의 1 문2; 법전협 2014-1 제1문 문 8; 법전협 2012-3 제1문 문2.

전기시설 및 수도시설교체, 화장실보수, 출입문 교체 등의 보수
공사를 하였고 이로 인하여 Y건물의 가치가 적어도 1천만 원
이상 증가하였다.

그런데 乙은 2021. 3. 21. 이후의 차임을 지급하지 아니하
였고, 이에 따라 甲이 2기 이상의 차임연체를 이유로 위 임대
차계약 해지를 통보하였으며,[2] 그 통고서는 2021. 8. 4. 乙에게
송달되었다.

한편 乙은 이 사건 건물을 음식점 용도로 점유·사용하던
중, 丙과의 약정으로 丙이 위 음식점을 경영하면서 甲에게 차
임을 지급하며 다만 임대차종료시에는 丙이 乙에게 Y건물을
반환하여 乙이 甲으로부터 임대차보증금을 받을 수 있도록 협
조하기로 하였다. 그런데 乙이 甲으로부터 위 임대차계약의 해
지를 통보받은 후에도 丙이 Y건물을 본래 임대차목적에 따라
사용, 수익하고 있다.

I-1.   甲이 乙을 상대로 위 임대차계약의 해지를 원인으로 Y
건물의 인도를 구함에 대하여, 乙은 다음과 같은 내용으로 항
쟁한다. 각 항쟁의 당부를 판단하라.

---

2)   이 사건은 해당하지 않지만, 연체가 연속적이 아니더라도 합계 2기 이상이면 해지요
     건 구비한다.

가. 乙은 현재 이 사건 건물을 직접 점유하지 않고 있으므로 甲에게 이 사건 건물을 반환할 의무가 없다.

나. 연체차임은 임대차보증금에서 자동적으로 공제되는 것이므로 위 보증금이 전부 소멸할 때까지는 임차인이 차임을 지급하지 않았다는 이유만으로 임대차계약상의 채무를 불이행한 것으로 볼 수 없으므로 계약해지 주장은 이유 없다.

다. 乙이 이 사건 건물의 보수공사와 관련하여 지출한 금액 중 건물의 가치 증대분 1천만 원 상당을 상환받을 때까지는 위 건물에 대한 유치권에 기하여 甲의 인도청구를 거절할 수 있다.

I -1-가

임대인이 임차인에게 목적물을 인도하였다면 임차인은 임대차계약상의 의무로서 임대차의 종료시에 임대인에게 목적물을 반환하여야 할 의무가 있다. 즉, 임대차가 종료된 경우에는 임차인의 직접적인 점유·사용 여부와 관계없이 임차인에게 인도를 청구할 수 있다. 이 점에서 불법점유를 이유로 한 인도청구의 경우(대판 1999. 7. 9. 98다9045, 대판 2000. 4. 7. 99다68768 참조)[3]와는 구별된다.[4]

따라서 甲은 乙의 직접점유 여부와는 관계없이 임대차종료를 원인으로 한 목적물반환청구를 할 수 있다. 乙의 항쟁은 이유 없다.

Ⅰ-1-나

임대차보증금이 연체차임 등 임대차관계에서 발생하는 채무를 담보한다고 하여 임차인이 그 임대차보증금의 존재를 이유로 차임의 지급을 거절하거나 그 연체에 따른 채무불이행책임을 면할 수는 없다(대판 1999.7.27. 99다24881, 대판 2007.8.23. 2007다21856, 21863 등).

따라서 乙의 항쟁은 이유 없다.

Ⅰ-1-다

A. 문제의 제기

민법 제320조에 의하면, 타인의 물건 등을 점유한 자는 그 물건 등에 관하여 생긴 채권이 변제기에 있는 경우에 그 물건을 유치할

---

3) 이 때, 불법점유자가 수시로 바뀌는 것에 대비하여 점유이전금지가처분을 한다.
4) 불법점유를 이유로 하여 그 명도 또는 인도를 청구하려면 현실적으로 그 목적물을 점유하고 있는 자를 상대로 하여야 하고 불법점유자라 하여도 그 물건을 다른 사람에게 인도하여 현실적으로 점유를 하고 있지 않은 이상, 그 자를 상대로 한 인도 또는 명도청구는 부당하다(대판 1999. 7. 9. 98다9045 등). 이 점은 기록형 문제의 경우, 건물인도청구의 상대방을 누구로 삼을 것인가 하는 것과 관련된다.

권리가 있다. 이 사안에서는 유익비상환청구권, 부속물매수청구권이 유치권의 피담보채권이 될 수 있는지 여부 및 원상회복약정이 위와 같은 청구권에 미치는 영향 등이 문제된다.

B. 유익비상환청구권에 기한 유치권의 成否

유익비상환청구권은 乙이 점유하고 있는 임대차목적물에 관하여 생긴 채권이고, 민법 제626조에 의하여 그 변제기는 임대차종료시인데 위 임대차계약은 甲의 해지의사표시에 의하여 적법하게 해지, 종료되었으므로 유치권이 일응 성립할 수 있을 것이다.

그러나 甲-乙간의 임대차계약체결 당시에 한 원상복구약정의 의미는 유익비상환청구권의 포기에 해당하는데(대판 1975. 4. 22. 73다2010), 유익비상환청구권에 대한 민법 제626조는 강행규정이 아니므로 위 포기특약은 유효하다.

그렇다면 乙의 유치권 항변은 이유 없다.

C. 부속물매수청구권에 기한 유치권의 成否

乙이 위 임차목적물에 가한 보수공사의 결과, 전기시설 및 수도시설, 출입문 등이 甲 소유 건물에 부속되었다고 본다면 민법 제646조의 부속물매수청구권이 성립한다고 볼 여지가 있다.

부속물매수청구권은 강행규정으로서 원상회복약정을 하였다고 하더라도 위 청구권의 포기가 임차인에게 불리한 때에는 효력이 없다고 할 것이나[5], 이 사안에서 부속물매수청구권이 인정된다고 하더라도 부속물과 임차건물은 별개의 물건이고,부속물매수대금은 임차건물 자체에 관하여 발생한 채권이 아니므로 유치권이 성립할 수 없다(대판 1977.12.13. 77다115).[6]

D. 결론

어느 모로 보나 유치권이 성립할 여지가 없으므로 乙의 항쟁은 이유 없다.

I-2.　乙의 동시이행의 항변(甲으로부터 임대차보증금을 반환받을 때까지는 원고의 청구에 응할 수 없다) 및 甲의 재항변(임대차보증금에서 2021. 3. 21.부터 이 사건 건물 인도시까지 차임 또는 차임 상당의 부당이득을 공제하여야 한다)이 있다고 가정할 때, 乙의 건물인도와 상환으로 甲이 지급하여야 할 임대차보증금잔액은 얼마인가?

---

5)　부속물매수청구권의 포기가 민법 제646조에 위반되는, 임차인에게 불리한 약정이 아니라고 한 예외적인 경우에 대하여는 대판 1982.1.19. 81다1001 참조.

6)　참고로 이 사안에서는 乙의 2기 이상의 차임연체를 이유로 임대차계약이 종료하였는데, 부속물매수청구권은 채무불이행으로 인하여 임대차계약이 종료한 경우에는 인정되지 않는다(대판 1990.1.23. 88다카7245·7252).

A. 결론

임대차보증금 2억 원에서 2021. 3. 21.부터 이 사건 건물의 본래 목적에 따른 사용·수익 종료시까지 월 2백만 원의 비율에 의한 차임 또는 차임상당의 부당이득금을 공제한 금액이다.

B. 논거

미지급차임은 임대차종료 후 목적물 반환 시 별도의 의사표시 없이 임대차보증금에서 당연히 공제된다(대판 1999.12.7. 99다50729; 이 점에서 상계와는 구별된다).[7]

또한, 부당이득반환금채권은 동시이행항변권에 기한 점유의 경우에도 계속 발생할 수 있는데,[8] 이러한 부당이득반환채권이 발생하려면 임차인(또는 그의 승낙을 받은 점유자)이 임대차종료 후에도 당초의 계약목적대로 점유, 사용하고 있을 것을 요한다(대판 2001. 2. 9. 2000다61398, 대판 2003. 4. 11. 2002다59481 참조).

사안에서는 임차인 乙이 2021. 3. 21.부터 차임의 지급을 연체하였으며, 丙에게 임차목적물을 계속하여 사용하도록 승낙한 이후에도 丙이 甲에게 차임을 지급한 사실이 없으므로, 임대차 계약의 본래 목적인 음식점 영업을 위한 사용·수익을 종료 할 때까지 월 2백

---

7) 그러나 소송상 공제주장은 필요하다.
8) 이 점에서 동시이행항변권에 기한 점유는 불법점유에 해당하지 않으므로 손해배상청구권이 발생하지 않는 것과는 차이가 있다.

만 원의 비율에 의한 차임 및 차임상당의 부당이득금을 공제한 금액
을 甲이 乙에게 지급하여야 한다.

I-3.   위 임대차기간 중 이 사건 점포의 천정 중앙부분에서
화재가 발생하여 甲에게 5천만 원의 손해가 발생하였다. 위 화
재는 이 사건 건물부분의 천정에 배선되어 있던 전선에서 발생
한 전기합선으로 인한 것으로 보이는데, 위 건물의 전선은 乙
의 임차 전부터 甲에 의하여 석고보드로 된 천정 안에 설치되
어 건물구조의 일부를 이루고, 乙은 위 발화부위의 전기배선에
공사 기타 인위적인 조작을 가한 사실이 없다. 더구나 乙은 위
전기배선의 하자를 미리 알지 못하였을 뿐 아니라 화재전날 이
사건 건물의 전기차단기를 단전상태로 작동시키고 퇴근한 바
있다.

甲은 위 5천만 원의 손해금을 자신이 乙에게 반환하여야
할 임대차보증금에서 공제되어야 한다고 주장하는 반면, 乙은
위 화재로 인한 손해발생이 자신에게 귀책사유가 없다는 이유
로 공제되어서는 안된다고 항쟁한다. 甲의 공제주장의 당부는?

A. 결론

甲의 공제주장은 이유 없다.

B. 논거

임차인의 임차물 반환채무가 이행불능이 된 경우 임차인이 그 이행불능으로 인한 손해배상책임을 면하려면 그 이행불능이 임차인의 귀책사유로 말미암은 것이 아님을 입증할 책임이 있으며, 임차건물이 화재로 소훼된 경우에 있어서 그 화재의 발생원인이 불명인 때에도 임차인이 그 책임을 면하려면 그 임차건물의 보존에 관하여 선량한 관리자의 주의의무를 다하였음을 입증하여야 한다(대판 2001. 1. 19. 2000다57351).

그러나 그 이행불능이 임대차목적물을 임차인이 사용·수익하기에 필요한 상태로 유지하여야 할 임대인의 의무 위반에 원인이 있음이 밝혀진 경우에까지 임차인이 별도로 목적물보존의무를 다하였음을 주장·입증하여야만 그 책임을 면할 수 있는 것은 아니라고 할 것이다. 그러므로 주택 기타 건물 또는 그 일부의 임차인이 임대인으로부터 목적물을 인도받아 이를 점유·용익하고 있는 동안에 목적물이 화재로 멸실된 경우에, 그 화재가 건물소유자측에서 설치하여 건물구조의 일부를 이루는 전기배선과 같이 임대인이 지배·관리하는 영역에 존재하는 하자로 인하여 발생한 것으로 추단된다면, 그 하자를 보수·제거하는 것은 임대차목적물을 사용·수익하기에 필요한 상태로 유지할 의무를 부담하는 임대인의 의무에 속하는 것이므로, 그 화재로 인한 목적물반환의무의 이행불능 등에 관한 손해배상책임을 임차인에게 물을 수 없다(대판 2000. 7. 4. 99다64384, 대판 2006. 1. 13. 2005다51013·51020, 대판 2009. 5. 28. 2009다13170).[9)]

사안에서의 화재는 임대인인 甲이 지배, 관리하는 영역인 전기배선에 존재하는 하자로 인하여 발생한 것으로 추단되고 乙은 위 전기배선의 하자를 미리 알지 못하였으므로, 그 하자를 보수·제거하는 것은 임대차목적물을 사용·수익하기에 필요한 상태로 유지할 의무를 부담하는 임대인의 의무에 속하는 것이어서 그 화재로 인한 목적물반환의무의 이행불능 등에 관한 손해배상책임을 임차인 乙에게 물을 수는 없다. 임대인 甲의 위 공제주장은 이유 없다.

Ⅱ.[10] 甲은 2017. 11. 1. 자신의 아버지 乙 명의로 소유권이전등기가 경료된 A건물(사무용 건물로서 주택이나 상가건물 임대차보호법의 적용 대상이 아님)에 대하여 아무런 권한 없이 자신의 명의로 丙과 임대차계약을 체결함에 있어서 임대차보증금 5천만 원에 임료는 월 200만 원을 매월 11일에 지급하기로 하고, 기간은 1년으로 하며, 임차인이 개·보수한 시설은 임대차계약이 종료

---

9) 임대차목적물에 화재가 발생하게 되면, 임대인으로서는 임차인에게 임차목적물을 사용, 수익에 적합한 상태로 제공하여야 할 의무가 이행불능이 되는 동시에, 임차인으로서는 임대차목적물을 임대차종료시에 반환하여야 할 의무가 이행불능이 된다. 그런데 채무불이행에 있어서는 채무자의 귀책사유가 없음이 항변사유로 작용하는데, 이를 입증하기는 상당히 막연하고 어려운 작업이므로 결국 위 입증책임을 부담하는 자가 항상 패소하게 된다는 불합리한 결과가 발생한다. 이 점에 대하여 판례는 임대목적물의 훼손이 누구의 지배, 관리영역에 존재하는 하자로 인한 것이냐에 따라 임대인-임차인의 채무불이행책임이 결정된다는 태도를 취한 것이다. 이선희, "임차건물이 소훼된 경우 임차인의 채무불이행과 선관주의의무", 법조 50권 6호(통권537호)(2001. 6) 164-178면 참조.

10) 부당이득에 대한 부분은 제8문 참조.

되면 임차인의 부담으로 원상복구하기로 약정하였고, 위 임대차계약당일 임대차보증금을 수령하면서 丙에게 A건물을 인도하였다. 丙은 위 건물 사용 중 100만 원을 들여서 태풍으로 깨어진 기와를 수리한 바 있고, 150만 원을 들여 위 A건물의 낡은 보일러를 교체한 바 있다.

그런데 乙은 2018. 8. 말. 甲의 무단임대사실을 뒤늦게 알고 丙을 상대로 소를 제기하여 건물명도 및 2017. 11. 1.부터 위 명도완료시까지 임료 상당의 부당이득금을 청구하였고, 이에 丙은 2018. 9. 1. 이후의 임료를 甲에게 지급하지 않았다.

甲은 2018. 11. 15. 丙을 상대로 임대차종료를 이유로 위 건물의 명도와 연체차임 및 위 명도완료시까지의 부당이득금의 반환을 청구하였다. 甲이 제기한 위 소송에 대하여 丙의 합리적인 대응방법에 대하여 논하라.

A. 문제의 소재

甲은 A 건물의 소유자로부터 하등의 권한을 위임받은 바 없이 丙과 임대차계약을 체결하였다. 이러한 경우에도 위 임대차계약이 유효한지 여부, 소유자 乙이 소유권을 행사한 경우에 위 임대차계약의 임차인 丙의 계약상 지위에 어떤 영향을 미치는지가 문제된다.

B. 건물인도청구에 대하여

처분 권한 없는 임대인에 의한 임대차도 유효하므로 甲은 A건물의 소유자는 아니지만 A건물을 丙에게 임차해준 임대차계약의 당사자로서 임대차계약이 종료로 인한 목적물반환청구권을 행사할 수 있다(대판 1996. 9. 6. 94다54641 참조).

丙은 甲과의 사이에 필요비 및 유익비(기와수리비 100만 원+ 보일러 교체비 150만 원) 상환청구권(민법 제626조)을 임대차계약시의 원상회복약정에 의하여 포기한 것으로 볼 것이어서 위 채권에 기한 유치권 항변을 할 수는 없다(대판 1994. 9. 30. 94다20389).

그러나 임대차보증금 잔액을 반환할 때까지는 위 건물인도에 응할 수 없다는 동시이행의 항변은 할 수 있다(대판 1995. 7. 25. 95다 14664 참조).

C. 미지급차임 및 부당이득반환 청구에 대하여

타인 소유의 목적물을 권한 없이 임대한 경우에도, 임대차계약이 유효한 이상 임대인으로서는 임대차종료시까지 연체 차임을 지급할 의무가 있다. 이는 임차인이 임대인의 권한 없음을 알고 있었다고 하더라도 마찬가지이다.

그리고 진정한 소유자의 부당이득금의 청구 등에 의하여 임대차가 종료되는 등의 특별한 사정이 없다면, 임차인으로서는 임대인에게 임대차종료 이후 명도완료일까지도 그 부동산의 점유, 사용에 따른 차임 상당의 부당이득금을 반환할 의무가 있다(대판 1996. 9. 6. 94다54641 참조).[11] 그러나 진실한 소유자로부터 목적물의 반환청구나 부당이득금의 지급요구를 받는 등의 이유로 임대인이 임차인으로 하여금 목적물을 사용, 수익하게 할 수가 없게 되었다면 임대인의 채무는 이행불능이 되고 임차인은 이행불능으로 인한 임대차의 종료를 이유로 그 때 이후의 임대인의 차임지급청구를 거절할 수 있다.

따라서 이 사안에서 甲이 A건물을 임대해 줄 권한이 없다고 하더라도 원칙적으로 丙은 甲에 대하여 A건물의 임대차기간 만료시(2013. 10. 31.)는 물론 명도완료시까지 연체차임 및 임료상당의 부당이득금을 지급할 의무가 있다고 할 것이지만, 앞서 판례에서 말하는 특별한 사정에 의하여 A건물의 진정한 소유자 乙의 2013. 8. 말 소제기 시점(정확하게는 소장 송달 시점) 이후에 해당하는 차임 및 동액 상당의 부당이득금의 지급은 거절할 수 있다.

丙은 2018. 8. 까지의 차임은 甲에게 지급하였으므로 甲의 금원청구는 이유 없다.

III. 甲은 乙 소유의 X 토지를 임대보증금 2억 원, 월차임 1백만 원(매월 말 지급), 임대기간 2015. 10. 1. 부터 2020. 9. 30. 까지

---

11) 위의 경우 진정한 소유자는 간접점유자인 임대인에 대하여 뿐 아니라 직접점유자인 임차인에 대해서도 목적물 인도 및 부당이득반환청구권을 행사할 수 있다. 이는 임대인과 임차인 사이의 임대차계약이 유효하게 존속하는지 여부와는 무관하다.

5년간으로 정하여 임차하면서, X 토지상의 기존 건물을 철거하고 Y 건물을 신축하여 식당 영업을 하되 임대차가 종료한 때에는 Y 건물을 철거하여 나대지 상태로 乙에게 반환하기로 약정하였다. 甲은 위 약정에 따라 Y 건물을 신축한 다음, 그 명의로 소유권보존등기를 경료하였다. 그리고 1억 원을 丙으로부터 차용하고 담보조로 丙에게 Y 건물에 대하여 근저당권(채권최고액 1억 5천만 원)을 설정하였으나, 불경기로 식당영업이 잘 되지 아니하여 2020. 1. 부터는 乙에게 차임을 지급하지 못하였다.

1. 乙은 2020. 12. 1. 임대차기간의 만료를 이유로 위 임대차계약이 종료되었음을 주장하면서 甲을 상대로 Y 건물의 철거와 X 토지의 인도 및 2020. 1. 1. 부터 위 철거 및 인도완료시까지 월 100만 원의 비율에 의한 미지급임료와 부당이득금의 지급을 구하는 소를 제기하였다.

이에 대하여 甲은 민법 제643조에 기한 매수청구권을 행사하였다. 이에 법원은 위 매수청구권 주장이 받아들여질 경우에 대비하여 乙에게 청구취지 및 청구원인의 변경여부에 대한 석명을 구하였으나 乙은 임대차계약시의 철거약정이 있어 매수청구권은 받아들여질 수 없다고만 답변하였다.

당사자들의 주장 및 항변을 참작하여 위 소송 결과 어떤 내용의 판결이 선고될 것인지에 대하여 설명하라. 위 소송의 변론종결시를 기준으로 위 건물의 시가는 4억 원이고, 위 토지의 임료는 건물이 존재하는 상태에서는 월 100만 원, 나대지상태에서 월 120만 원이다.

A. 결론

Y 건물 철거 및 X 토지의 인도청구는 기각되고, 금원지급청구 부분은 "甲은 乙에게 2020. 1. 1. 부터 X 토지의 인도 완료시까지 월 1백만 원의 비율에 의한 금원을 지급하라"는 판결이 선고될 것이다.

B. 근거

1. 乙의 청구에 대한 검토

甲-乙 간의 임대차기간이 만료되었고, 甲이 임대목적물인 X 토지에 Y건물을 소유하여 점유하고 있으므로, 乙의 철거 및 인도와 미지급임료 및 부당이득금반환청구는 일응 타당하다.

다만, 임대인 乙로서는 임차인 甲의 2기 이상 차임연체로 인한 계약해지도 가능하지만 기간만료를 이유로 계약의 종료를 주장하고 있다는 점, 위 계약에 있어서 원상회복약정의 유효여부가 매수청구권과의 관계에서 문제된다.

2. 甲의 매수청구권 항변에 대한 검토

사안은 민법 제643조, 제283조가 정한 매수청구권 행사의 요건을 충족한다.

판례에 의하면 위 매수청구권은 임차인이 2기 이상의 차임을 연체하여 임대인이 제640조에 의하여 계약을 해지하는 경우에는 적용이 없다(대판 2003. 4. 22. 2003다7685, 대판 1972. 12. 26. 72다2013). 위 매수청구권은 임차인의 갱신청구권을 전제로 임대인이 계약갱신을 원하지 않을 경우에 비로소 발생하는 것인데, 임차인의 채무불이행 등 사유로 인하여 임대차 계약이 해지되었을 때에는 임차인에게 계약갱신권이 발생할 여지가 없기 때문이다. 그러나 사안은 기간만료를 원인으로 계약이 종료된 경우이므로 위 매수청구권의 행사에는 지장이 없다.

또한 甲-乙 간의 원상회복약정은 위 매수청구권을 배제하는 내용이지만, 위 매수청구권에 대한 제643조의 규정은 편면적 강행규정이고(제652조), 사안의 내용에 비추어 실질적으로 임차인에게 불리하다고 볼 수 없는 특별한 사정도 인정되지 않으므로[12] 위 원상회복약정은 효력이 없다.

따라서 甲으로서는 X 토지상의 Y 건물에 대하여 乙에게 매수청구권을 적법하게 행사할 수 있다.

---

12) 임차인의 매수청구권에 관한 민법 제643조는 강행규정이므로 이를 위반하는 약정으로서 임차인이나 전차인에게 불리한 것은 효력이 없는데, 임차인 등에게 불리한 약정인지는 우선 당해 계약의 조건 자체에 의하여 가려져야 하지만 계약체결 경위와 제반 사정 등을 종합적으로 고려하여 실질적으로 임차인 등에게 불리하다고 볼 수 없는 특별한 사정을 인정할 수 있을 때에는 강행규정에 저촉되지 않는 것으로 보아야 한다(대판 2011. 5. 26. 2011다1231, 대판 1992. 4. 14. 91다36130).

3. 매수청구권 행사의 효과

매수청구권은 형성권이므로, 甲이 적법하게 매수청구권을 행사하면 甲과 乙 간에 지상물에 대한 매매계약이 성립한다.

甲의 매수청구권 행사와 관련한 법원의 석명에도 불구하고, 乙은 자신의 대금지급과 상환으로 지상물의 인도를 구하는 내용으로 청구취지를 변경하지 않았다. 그렇다면 乙의 청구에 건물매수대금의 지급과 동시에 건물의 인도를 구하는 취지가 포함되어 있다고 볼 수 없고[13], X 토지를 점유할 적법한 권원이 있는 甲을 상대로 한 乙의 Y 건물철거 및 X 토지인도청구는 기각된다(대판 1995. 2. 3. 94다51178,51185).

한편 미지급 임료 청구는 위 매수청구권의 행사에 의하여 영향을 받지 않는다. 또한 임대차 종료 후 부당이득반환청구 또한 임대차 종료 후에도 그 부지를 계속하여 점유·사용하는 한 그로 인한 부당이득으로서 부지의 임료 상당액은 이를 반환할 의무가 있다(대판 2001. 6. 1. 99다60535). 따라서 甲은 乙에게 2020. 1. 1. 부터 이 사건 대지의 인도 완료시까지 월 1백만 원의 비율에 의한 금원을 지급할 의무가 있다.

---

13) 대판 1995. 7. 11. 94다34265(전합)의 판시인데, 분쟁의 1회적 해결을 위한 법원의 적극적 석명의무를 강조한다.

관련문제 매수청구권과 기판력

Ⅲ-2. (위 1. 과는 달리) 乙이 제기한 건물철거와 토지인도 및 부당이득반환청구에서 甲은 임차보증금잔액과의 동시이행항변만을 하였을 뿐, 위 매수청구권을 행사하지 않았고, 위 소송의 판결이 확정된 후 집행이 되지 않은 상태에서 매수청구권을 행사하여 별소로써 乙에 대하여 매매대금의 지급을 구하는 소를 제기하였다. 이에 대하여 乙은 Y 건물에 대한 근저당권설정등기의 말소 및 이전등기와의 동시이행항변을 하였다. 어떤 내용의 판결이 선고될 것인지를 이유를 들어 설명하라.

A. 甲의 별소청구가 乙이 제기한 전소의 기판력에 저촉되는지 여부

乙의 청구에 대하여 변론종결시를 기준으로 甲의 매수청구권의 항변을 행사하는데 지장이 있었다고 볼 만한 사정이 없다. 그럼에도 불구하고 이를 행사하지 않아 그 판결이 확정된 후 별소에서 甲이 매수청구권을 행사하는 것이 기판력에 저촉되는지 여부가 문제된다.

임대차가 종료함에 따라 토지의 임차인이 임대인에 대하여 건물매수청구권을 행사할 수 있음에도 불구하고 이를 행사하지 아니한 채, 토지의 임대인이 임차인에 대하여 제기한 토지인도 및 건물철거청구 소송에서 패소하여 그 패소판결이 확정되었다고 하더라도,

그 확정판결에 의하여 건물철거가 집행되지 아니한 이상 토지의 임차인으로서는 건물매수청구권을 행사하여 별소로써 임대인에 대하여 건물매매대금의 지급을 구할 수 있다. 전소인 토지인도 및 건물철거 청구소송과 후소인 매매대금 청구소송은 서로 그 소송물을 달리하는 것이므로, 종전 소송의 확정판결의 기판력에 의하여 건물매수청구권의 행사가 차단된다고 할 수도 없다(대판 1995. 12. 26. 95다42195).

B. 매수청구권 및 동시이행항변 행사결과

이와 같이 매수청구권을 행사하여 매매대금의 지급을 구하는 소를 제기하면, 그 일방적인 의사표시에 의하여 매매계약이 성립한 것과 같은 효과가 발생한다. 이 때 매수대금은 시가에 해당하는 4억 원(피담보채무 또는 채권최고액을 공제한 금액이 아니다)으로서 乙은 이를 甲에게 지급할 의무가 있다.

다만, 위 대금지급채무는 甲의 반대채무(근저당권설정등기를 말소한 상태의 소유권이전등기의무)와 동시이행관계에 있는바, 위 동시이행항변권을 행사한 결과, 법원으로서는 위 반대채무이행과 상환이행을 명하는 판결을 하게 된다.

C. 결론

乙은, 甲으로부터 Y 건물에 대하여 丙 명의로 경료된 근저당권설정등기의 말소와 매수청구권의 행사를 원인으로 한 소유권이전등기를 경료받음과 상환으로, 甲에게 4억 원을 지급하라는 내용이 될 것이다.[14]

관련문제 임차보증금반환채권의 양도 · 압류

IV. 甲은 2017. 11. 10. 乙로부터 X건물을 음식점 영업을 위하여 임대차보증금 2억 원, 차임 월 5백만 원(매월 9. 후불), 기간 2017. 11. 10.부터 2019. 11. 9.까지로 정하여 임차하고, 같은 날 X건물을 인도받으면서 乙에게 위 임대차보증금을 지급하였다.

한편 甲은 위 음식점 개업을 위하여 2017. 10. 20. 丙으로부터 2억 원을 이자는 연5%, 변제기 2019. 10. 20. 로 정하여 차용하였다가 2019. 9. 7. 위 차용금의 변제를 위하여 위 임대차계약만료시 乙에 대하여 가지는 임차보증금반환채권을 丙에게 양도하였고, 2019. 9. 11. 乙에게 확정일자 있는 증서에 의하여 위 채권양수도 사실을 통지하여 다음 날 그 통지가 乙에게 송달되었다.

그런데 甲에 대하여 3,000만 원의 대여금채권을 가지고 있는 A는 위 채권을 보전하기 위하여 甲의 乙에 대한 위 임대보

---

14) 대판 2008.5.29. 선고 2007다4356.

증금반환채권에 대하여 채무자를 甲으로, 제3채무자를 乙로 하여 법원에 2019. 9. 10. 채권가압류신청을 하였고 위 신청에 대한 가압류결정이 고지되어 가압류결정 정본이 2019. 9. 13. 제3채무자인 乙에게 송달되었다.

甲과 乙의 임대차계약은 별도의 갱신 없이 기간만료로 종료되었음에도 甲은 계속 음식점 영업을 하면서 X 건물을 점유하고 있다. 위 계약기간 중 甲의 연체차임은 2개월분 1천만 원이고, X 건물 임료의 시가는 위 임대차계약 이후 변함이 없다.

위와 같은 사실관계에서, (A) 丙이 위 양수금을 지급받기 위한 유효적절한 방법으로서 누구를 상대로 어떤 내용의 소송을 제기하여야 하는지를 논하고, 어떤 이유에서 그러한 청구가 가능한지를 설명하라. 또한 (B) 丙의 청구에 대하여 청구의 상대방(들)이 할 수 있는 정당한 항변을 설명하고, 그 결과 丙은 어떤 조건하에서 얼마의 금원을 지급받을 수 있는지(금액은 특정되지 않음, 지연손해금 포함여부는 밝힐 것)를 설명하라.

A. 청구의 내용

1. 乙에 대한 청구

양수금으로서 임대보증금 2억원을 청구한다. 乙에 대한 양수금 청구는 甲으로부터 채권을 양수하고 채무자 乙에 대한 대항요건

을 갖추었기 때문에 가능하다. 가압류는 문제되지 않는다. 채권양도
의 통지가 가압류정본보다 제3채무자 乙에게 먼저 도달하였으므로
가압류채권자는 채권양수인 丙에 대하여 가압류의 효력으로 대항할
수 없다.

2. 甲에 대한 청구

乙에 대한 양수금청구권의 보전을 위하여, 甲을 상대로 乙을 대
위하여 건물 명도를 구한다.

甲에 대한 인도청구는, 乙에 대한 양수금채권자로서 임대인 乙
을 대위하여 임차인 甲에 대하여 구하는 것인데, 피보전권리로 앞서
본 바와 같이 A의 乙에 대한 양수금채권이 존재하고 그 이행기가 도
래하였으며(甲-乙 간의 임대차계약이 별도의 갱신 없이 기간만료로 종료), 甲
과 乙간의 i)임대차계약, ii)임대차목적물의 인도 iii)임대차의 종료사
실이 인정되어 대위할 채권으로서 乙의 甲에 대한 X건물의 인도청
구권이 존재한다.

나아가 위 소송이 적법하기 위한 요건으로서 乙의 무자력을 필
요로 하는지가 문제인바, 이 사안과 같이 i) A가 보전하려는 양수금
채권과 대위하여 행사하려는 乙의 임차목적물인도청구권이 밀접하
게 관련되어 있고, ii) A가 乙의 권리를 대위하여 행사하지 않으면 甲
이 임차목적물을 계속 점유함에 따른 임료상당의 부당이득이 임차
보증금에서 공제되어 A가 자기 채권의 완전한 만족을 얻을 수 없게
될 위험이 있어서 乙의 권리를 대위하여 행사하는 것이 자기 채권의

현실적 이행을 유효·적절하게 확보하기 위하여 필요하며 ⅲ) 위와 같은 채권자대위권의 행사가 乙의 자유로운 재산관리행위에 대한 부당한 간섭이 된다는 등의 특별한 사정이 없으므로, 乙의 무자력 요건은 필요하지 않다.[15)]

따라서 乙의 무자력 여부와 관계없이 丙은 甲으로 하여금 乙에게 X건물을 인도할 것을 청구할 수 있다.

B. 상대방의 항변과 판결금

1. 乙로서는 양수금청구에 대하여 동시이행항변권을 행사할 수 있다.[16)]

위 임대보증금과 임차목적물의 반환의 동시이행관계는 위 임차보증금반환채권의 양도 및 통지 전의 사유이므로, 임대인 乙은 채권양수인 丙에 대해서도 위 동시이행항변권을 행사할 수 있다. 따라서 乙이 甲으로부터 건물을 인도받기까지는 위 임차보증금 잔액(수령한 임차보증금에서 위 임대차보증금으로 담보하는 임차인의 채무를 공제한 금액)

---

15) 대법원 1989. 4. 25. 선고 88다카4253,4260 판결은 "임대차보증금반환채권을 양수한 채권자가 그 이행을 청구하기 위하여 임차인의 가옥명도가 선이행되어야 할 필요가 있어서 그 명도를 구하는 경우에는 그 채권의 보전과 채무자인 임대인의 자력유무는 관계가 없는 일이므로 무자력을 요건으로 한다고 할 수 없다"고 판시하였으나, 위 판시는 임차인의 임차목적물인도의무가 위 양수금지급의무에 대하여 선이행관계에 있다고 오해될 여지가 있어서, 그 후에 선고된 채권자대위권 전용에 관한 대판 2001. 5. 8. 99다38699의 설시에 따랐다.

16) 甲을 상대로 하는 건물인도청구에 대해서는 단순이행판결을 선고하며, 甲이 위 인도청구에 대하여 동시이행항변을 하지는 않는다.

을 지급을 거절한다는 항변을 할 수 있다.

2. 구체적으로 甲의 건물인도와 상환으로 丙이 받게 되는 양수금은, 위 임차보증금 2억 원에서(甲의 인도시까지 연체차임 1천만 원 + 기간만료 후 인도시까지 월 500만 원의 임료상당의 부당이득금)을 공제한 잔액이다. 이때 임대차보증금 반환채권에 대한 양도통지의 송달시기와 차임 또는 부당이득 등 발생시기 사이의 선후는 문제가 되지 않는다(대판 2015. 3. 26. 2013다77225). 임대차보증금은 성질상 임대차 종료로 목적물을 반환할 때까지 임대차와 관련하여 발생하는 차임, 부당이득 등 임차인의 모든 채무를 담보하는 것이기 때문이다.

지연손해금은 붙지 않는다. 위 양수금의 내용을 이루는 임대차보증금반환채권은 임차목적물반환청구권과 동시이행관계에 있는 바, 임차목적물인 X건물은 여전히 임차인 갑이 점유하고, 인도의무에 대한 甲의 이행 또는 이행제공이 없었기 때문이다(존재효과설). 지연손해금에 대해서는 甲이 동시이행항변권을 행사하지 않은 경우에도 마찬가지이다.

관련문제 차임채권에 대한 압류·추심명령이 있는 경우[17]

V. 甲은 2016. 9. 25. 乙에게 그 소유의 상가건물을 보증금

---

[17] 변시 2018년 7회 2문의 3.

1억 원, 월차임 300만 원(차임은 매월 말일 지급), 기간 2년으로 정하여 임대하였다. 乙은 처음 몇달 간은 차임을 제때 지급하였으나, 2017. 1. 부터 차임을 연체하기 시작하였다.

　甲의 채권자 丁은 2016. 11. 20. 甲의 乙에 대한 차임채권에 대하여 채권압류 및 추심명령을 받았고, 다음 날 위 명령이 乙에게 송달되었다. 이에 乙은 2016년 11월분과 12월분 차임을 추심채권자 丁에게 지급하였다.

　한편, 2017. 9. 10. 甲은 乙에 대하여 차임연체를 이유로 임대차계약을 해지한다고 통지하였고, 2017. 9. 30. 乙이 甲에게 X건물을 인도하자 甲은 보증금에서 연체차임 2,700만 원을 공제한 잔액을 乙에게 반환하였다. 그러자 乙은 甲의 차임채권에 대한 丁의 채권압류 및 추심명령이 송달된 이후에는 甲에게 차임을 지급하는 것이 금지되므로 보증금에서 이를 공제할 수 없다고 주장하면서, 甲을 상대로 공제한 보증금 2,700만 원의 반환을 청구하는 소를 제기하였다.

　乙의 甲에 대한 보증금반환청구는 인용되는가?

A. 차임채권에 대하여 압류 및 추심명령이 있는 경우 보증금의 담보범위

부동산 임대차에 있어서 수수된 보증금은 차임채무, 목적물의 멸실·훼손 등으로 인한 손해배상채무 등 임대차에 따른 임차인의

모든 채무를 담보하는 것으로서 그 피담보채무 상당액은 임대차관
계의 종료 후 목적물이 반환될 때에 특별한 사정이 없는 한 별도의
의사표시 없이 보증금에서 당연히 공제된다. 따라서 임대보증금이
수수된 임대차계약에서 차임채권에 관하여 압류 및 추심명령이 있
었다 하더라도, 당해 임대차계약이 종료되어 목적물이 반환될 때에
는 그 때까지 추심되지 아니한 채 잔존하는 차임채권 상당액도 임대
보증금에서 당연히 공제된다(대판 2004. 12. 23. 2004다56554 등).

    따라서 甲의 乙에 대한 차임채권에 대하여 압류 및 추심명령이
있었다 하더라도 위 임대차종료시까지 실제로 위 채권이 추심되지
않은 이상, 위 차임채권상당액인 2,700만 원은 임대차종료 후 임대
인 甲이 반환하여야 할 임차보증금에서 당연공제된다.

B. 결론

    乙의 청구는 기각된다.

[표준판례]

580. 임대차계약의 성립

대법원 2009. 9. 24. 선고 2008다38325 판결

: 임대인에게 임대목적물에 대한 소유권 기타 임대권한이 없는 경우에도 임대차계약이 유효하게 성립하는지 여부(적극)

581. 임차인의 대항력

대법원 1993. 4. 13. 선고 92다24950 판결

: 건물에 대한 저당권이 실행되어 경락인이 건물의 소유권을 취득한 경우 건물의 소유를 목적으로 한 토지의 임차권도 건물의 소유권과 함께 경락인에게 이전되는지 여부(적극) 및 이 경우 토지 임대인의 동의 없이 경락인이 임대인에 대하여 임차권의 취득을 대항할 수 있는지 여부(소극)

582. 등임차권에 기한 방해배제청구권

대법원 2002. 2. 26. 선고 99다67079 판결

: 등기된 임차권이 침해된 경우, 그 임차권에 기한 방해배제를 청구할 수 있는지 여부(적극)

583. 임차인의 비용상환청구권과 유치권의 성립

대법원 1975. 4. 22. 선고 73다2010 판결

: 임대차종료시에 임차인이 건물을 원상으로 복구하여 임대인에게 명도키로 약정한 경우에 비용상환청구권이 있음을 전제로 하는 유치권 주장

의 당부(소극)

584. 차임증감청구권

대법원 1974. 8. 30. 선고 74다1124 판결

: 임대인이 민법 628조에 의하여 장래에 대한 차임의 증액을 청구하고
법원이 증액청구를 상당하다고 인정한 경우에 차임증액청구 효력발생
시기 – 청구시

585. 임차인의 부속물매수청구권

대법원 1982. 1. 19. 선고 81다1001 판결

: 부속물매수청구권의 대상이 되는 부속물의 범위와 부속물매수청권의
포기가 제646조에 위반되는지 여부(한정소극)

586. 토지임차인의 지상물매수청구권

대법원 2013. 11. 28. 선고 2013다48364,48371 판결

: 건물 소유를 목적으로 하는 토지 임대차에서 종전 임차인으로부터 미
등기 무허가건물을 매수하여 점유하고 있는 임차인이 임대인에 대하여
지상물매수청구권을 행사할 수 있는지 여부(원칙적 적극)

587. 임차권의 무단양도, 무단전대

대법원 2010. 6. 10. 선고 2009다101275 판결

: 임대인의 동의 없이 제3자에게 임차물을 사용·수익하도록 한 임차인
의 행위가 임대인에 대한 배신적 행위라고 할 수 없는 특별한 사정이 있

는 경우, 임대인이 민법 제629조에 의해 임대차계약을 해지할 수 있는지 여부(소극) 및 그 경우 제3자는 임차권의 양수 또는 전대차에 따른 사용·수익을 임대인에게 주장할 수 있는지 여부(적극)

588. 임차인의 보관의무

대법원 2017. 5. 18. 선고 2012다86895, 86901 전원합의체 판결

: [1]임대차 목적물이 화재 등으로 소멸됨으로써 임차인의 목적물 반환의무가 이행불능이 된 경우, 임차인이 이행불능이 자기가 책임질 수 없는 사유로 인한 것이라는 증명을 다하지 못하면 목적물 반환의무의 이행불능으로 인한 손해를 배상할 책임을 지는지 여부(적극) 및 임대차계약 존속 중에 발생한 화재가 임대인이 지배·관리하는 영역에 존재하는 하자로 발생한 것으로 추단되는 경우, 임대인이 화재로 인한 목적물 반환의무의 이행불능 등에 관한 손해배상책임을 임차인에게 물을 수 있는지 여부(원칙적 소극)

[2]임차인이 임대인 소유 건물의 일부를 임차하여 사용·수익하던 중 임차 건물 부분에서 화재가 발생하여 임차 건물 부분이 아닌 건물 부분까지 불에 타 그로 인해 임대인에게 재산상 손해가 발생한 경우, 임차 외 건물 부분에 발생한 손해에 대하여 임대인이 임차인을 상대로 채무불이행을 원인으로 하는 배상을 구하기 위하여 주장·증명하여야 할 사항 ― 임차인의 계약상 의무위반, 의무위반과 임차외 건물부분의 손해 사이에 상당인과관계 등

589. 임차보증금의 법적 성질

대법원 2005. 9. 28. 선고 2005다8323, 8330 판결

: 임대차계약에 있어 임대차보증금이 담보하는 채무가 임대차관계 종료 후 목적물 반환시 별도의 의사표시 없이 임대차보증금에서 당연히 공제 되는지 여부(적극)

590. 임차보증금과 연체차임

대법원 2016. 11. 25. 선고 2016다211309 판결

: [1] 임대차계약 종료 전에 별도의 의사표시 없이 연체차임이 임대차보 증금에서 당연히 공제되는지 여부(소극) 및 임차인이 임대차보증금의 존 재를 이유로 차임 지급을 거절할 수 있는지 여부(소극)

[2] 임대차 존속 중 차임을 연체한 경우, 차임채권의 소멸시효가 임대차 계약에서 정한 지급기일부터 진행하는지 여부(원칙적 적극)

[3] 임대차 존속 중 차임채권의 소멸시효가 완성된 후 임대인이 소멸시 효가 완성된 차임채권을 자동채권으로 삼아 임대차보증금 반환채무와 상계할 수 있는지 여부(원칙적 소극) / 이 경우 연체차임을 임대차보증금 에서 공제할 수 있는지 여부(적극)

제3문

특별법상의 임대차
(주택임대차, 상가건물임대차)[1]

I. **기초사실** : 甲에 대하여 1억 원의 물품대금채무를 지고 있던 乙은 그의 친구 丁에게 부탁하여 丁이 2017. 3. 10. 자기 소유 X 주택에 채권최고액을 1억 2천만 원으로 하는 근저당권을 甲에게 설정해 주었다. 그 주택에는 丙이 거주하고 있었는데, 丙은 丁과 임대차보증금 8천만 원으로 하는 임대차계약을 체결한 후 2017. 3. 10. 전입신고를 하였다.

아래 질문에 답하라. 아래 질문들은 기초사실만 동일한 뿐, 서로 연관되지 않은 별개의 질문이다.

---

1) 변시 2018년 제7회 제2문의3 문 1, 문 2; 변시 2017년 제6회 제2문의1 문제 1, 문제 2; 변시 2013년 제2회 제2문의1 문2; 법전협 2019-3 제2문의1 문제 3; 법전협 2015-2 제2문의1 문 3; 법전협 2014-3 제2문의 1 문 3, 문 4

I-1.　2018. 3. 10. 丁은 X 주택을 戊에게 2억 5천만 원에 매도하고 소유권이전등기를 경료하여 주었다. 이때 丁은 戊와의 사이에 丙의 보증금은 2019. 3. 9. 丁이 책임지고 반환하고, 甲 명의의 근저당권등기도 책임지고 말소하기로 약정하였다. 丙이 임대차기간이 종료한 후 丁 및 戊 중 누구를 상대로 임차보증금반환청구를 하여야 그 소송에서 승소할 수 있는가?

A. 결론

戊를 상대로 청구하여야 한다.

B. 근거

주택임대차보호법 제3조 제3항은, 같은 조 제1항이 정한 대항요건(인도, 주민등록)을 갖춘 임대차의 목적이 된 임대주택의 양수인은 임대인의 지위를 승계한 것으로 본다고 규정한다.

이는 법률상의 당연승계 규정으로 보아야 하므로, 임대주택이 양도된 경우에 양수인은 주택의 소유권과 결합하여 임대인의 임대차 계약상의 권리·의무 일체를 그대로 승계하며, 그 결과 양수인이 임대차보증금반환채무를 면책적으로 인수하고, 양도인은 임대차관계에서 탈퇴하여 임차인에 대한 임대차보증금반환채무를 면하게 된다(대판 1987.3.10. 86다카1114, 대판 1987.03.10. 86다카1114).[2]

사안에서 丙은 주택임대차보호법 제3조 제1항의 요건을 갖춘 임차인으로서 임차보증금의 반환을 양수인 戊에게 청구할 수 있으며, 위 법률상 당연승계규정에 따라 이미 계약상 임대인의 지위에서 벗어난 丁에 대하여는 청구할 수 없다.[3] 丁과 戊 간의 보증금지급에 관한 합의는 임대부동산 양도 당사자 간의 내부적 합의에 불과하므로 이로 인하여 丁이 丙에 대하여 보증금반환의무를 부담하게 되는 것은 아니다.

따라서 戊를 상대로 청구하여야 승소할 수 있다.

I-2. 그 후 丁은 A로부터 3천만 원을 차용하고 2017. 6. 7. A에게 X 주택에 대한 저당권을 설정해 주었는데, 丁이 변제기에 위 채무를 이행하지 못하자 A는 X 주택에 설정된 근저당권을 실행하였고, X 주택은 1억 5천만 원에 B에게 매각되었다.

B가 경매법원에 대금을 지급한 후 2017. 12. 1. 丙에 대하여 인도청구를 하였다. B의 청구에 대하여 법원이 어떤 결론을

---

2) 따라서 대항력 있는 임차인은 종전 임대인과 체결한 임대차계약상의 임대차기간이 종료할 때까지는 해당 주택을 적법하게 점유할 수 있는 임차권이 존재함을 이유로 양수인의 인도청구를 거절할 수 있다. 또한 임대차기간이 종료한 후에도 임차보증금을 반환받기까지는 양수인의 청구에 응할 수 없다고 동시이행의 항변을 할 수 있다.

3) 丙의 임차권은 甲이 근저당권을 취득한 다음날부터 제3자에 대하여 대항력이 생기지만(甲의 저당권 취득일과 같은 날 위 법 제3조 제1항의 대항요건을 갖추었으나 대항력은 "그 다음 날"부터 발생하기 때문이다), 사안은 경매에 의하여 임차주택의 소유권이 이전된 경우가 아니므로 저당권과의 선후는 문제되지 않는다.

내릴 것인지 이유를 들어 설명하라.

A. 결론

B의 청구는 인용된다.

B. 근거

저당권이 실행된 경우에 임차권의 운명은 소제주의에 따라 최선순위 저당권의 성립시기와 임차권의 대항요건을 구비한 시기의 선후에 따라 결정된다(대판 2000. 2. 11. 99다59306).

따라서 丙의 임차권이 대항력을 구비한 시점이 저당권실행을 위한 경매를 신청한 A의 저당권 성립시점보다 앞선다고 할지라도, 경매절차에서 X 주택을 매수하여 대금을 지급한 B에게 대항하지 못한다.

丙은 B의 인도청구에 응하여야 하므로, 법원은 丙의 청구를 인용하는 결론을 내릴 것이다.

I-3. 丙-丁 간의 임대차계약 후 乙은 甲에 대한 저당권의 피담보채무를 변제하여 근저당권설정등기를 말소하였고, 丙은 丁과의 임대차계약서에 대한 확정일자를 2017. 7. 8. 받았다.

한편 丁은 C로부터 5천만 원을 차용하고 2017. 6. 7. C에게, D
로부터 3천만 원을 차용하고 2017. 7. 20. D에게 X 주택에 대
한 각 저당권을 설정해 주었다. 그런데 D는 丁이 위 차용금을
변제기에 변제하지 못하자 위 저당권을 실행하였고 X 주택은
1억 5천만 원에 E에게 매각되었다.

丙은 위 경매의 배당절차에서 임차보증금을 회수하여 나가
기로 마음먹고 적법하게 배당요구를 하였다. 경매절차의 매수
대금 중 경매비용을 제외하고 채권자들에게 배당가능한 금액
은 1억 4천 5백만 원이고, C 저당권의 피담보채권은 5천만 원,
D 저당권의 피담보채권은 3천만 원이며, 丙이 적법하게 배당
요구를 한 임대차보증금채권은 8천만 원이다.

이 경우에 丙, B, C, D, F는 어떤 순위에 따라 각 얼마를 배
당받는지를 이유를 들어 설명하라.

A. 결론

1순위 C - 5천만 원

2순위 丙 - 8천만 원

3순위 D - 1천 5백만 원

B. 논거

丙은 C, D의 저당권이 설정되기 전에 주택임대차보호법 제3조 제1항의 대항요건을 갖춘 대항력 있는 임차인이지만, 선택에 따라 우선변제권을 행사할 수 있다.

이 때 丙, C, D 간 우선변제권의 순위는 丙의 임차권에 대한 대항력이 발생한 후로서 임대차계약서에 확정일자를 받은 날과 C, D가 각 저당권을 취득일자를 비교하여야 한다. 이에 따르면 C-丙-D의 순서가 되고, 이에 따라 금액을 배당하면 C와 丙에게는 채권액 전부인 각 5천만 원, 8천만 원이 배당되고, 남는 잔액 1천 5백만 원은 D의 채권액 3천만 원 중 일부를 위하여 배당된다.[4) 5)]

Ⅱ. 甲은 X건물을 신축한 후 소유권보존등기를 마치고, 2016. 9. 25. 부동산중개업소를 운영하려는 乙에게 임대하였다(보증금 1억 원, 월차임 300만 원은 매월 말일 지급). 乙은 2016. 10. 1. 사업자등록을 마치고 영업을 시작하였는데, 처음 몇 달간은 차임을 제때 지급하였으나, 2017. 1. 부터 차임을 연체하기 시작하

---

4) 만일 이 사안과는 달리, 대항력 있는 임차인이 우선변제권을 선택하여 경매절차에서 보증금 전액에 대하여 배당요구를 하였으나 보증금 전액을 배당받을 수 없었던 경우에, 위 경매절차의 경락인에 대항하여 위 배당받은 잔액을 포함한 보증금 전액을 반환받을 때까지 임대차관계의 존속을 주장할 수 있다.

5) 만약 丙이 법령이 정한 대항력을 갖춘 소액임차인으로서 적법한 배당요구를 하였다면, 위 배당가능금액에서 소액보증금은 B에 우선하여 최우선순위로 丙에게 배당된다.

였다.

2017. 7. 1. 甲은 X건물을 丙에게 매도하고 같은 날 소유권
이전등기를 경료해 주었는데, 丙이 X건물을 매수한 후에도 차
임연체는 계속되었다. 이에 2017. 11. 2. 丙은 乙에게 차임연
체를 이유로 임대차계약의 해지를 통지하면서 X건물의 반환을
청구하였고, 乙이 같은 달 30. X건물을 인도하자 연체된 차임
액 3,300만 원을 공제한 6,700만 원을 乙에게 지급하였다. 그
러자 乙은 丙이 甲과 X건물에 대한 매매계약을 체결할 당시 연
체차임채권을 양수한 바 없어 丙이 소유권을 취득한 후에 연체
한 1,500만 원만 보증금에서 공제할 수 있다고 주장하면서, 이
를 초과하여 공제한 1,800만 원을 반환할 것을 청구하는 소를
제기하였다. 丙은 甲과 X건물에 대한 매매계약을 체결할 당시
연체차임에 관한 합의를 한 바 없었다.

乙의 丙에 대한 보증금반환청구에 대하여 법원은 어떤 판
단을 내릴 것인가?

A. 대항요건을 갖춘 임대차의 목적물이 양도된 경우의 법
률효과

상가건물의 임대차는 그 등기가 없는 경우에도 임차인이 건물의
인도와 사업자등록을 신청하면 그 다음 날부터 제3자에 대하여 효
력이 생기고(상가건물임대차보호법 제3조 제1항), 위와 같이 대항력 있는

임대차건물이 양도되면 그 양수인은 임대인의 지위를 승계한다(동법 제3조 제2항).

　따라서 사안에서 임차인 乙은 양수인 丙에 대하여 임대차보증금 반환채권이 있고, 차임지급의무를 부담한다.

B. 연체차임의 승계 여부

　그러나 임차건물의 소유권이 이전되기 전에 이미 발생한 연체차임이나 관리비 등은 별도의 채권양도절차가 없는 한 원칙적으로 양수인에게 이전되지 않고 임대인만이 임차인에게 청구할 수 있다. 차임이나 관리비 등은 임차건물을 사용한 대가로서 임차인에게 임차건물을 사용하도록 할 당시의 소유자 등 처분권한 있는 자에게 귀속된다고 볼 수 있기 때문이다(대판 2017. 3. 22. 2016다218874).

C. 보증금의 담보범위

　임대차계약에서 임대차보증금은 임대차계약 종료 후 목적물을 임대인에게 명도할 때까지 발생하는, 임대차에 따른 임차인의 모든 채무를 담보한다. 따라서 이러한 채무는 임대차관계 종료 후 목적물이 반환될 때에 특별한 사정이 없는 한 별도의 의사표시 없이 보증금에서 당연히 공제된다. 또한 임차건물의 양수인이 건물 소유권을 취득한 후 임대차관계가 종료되어 임차인에게 임대차보증금을 반환해야 하는 경우에 임대인의 지위를 승계하기 전까지 발생한 연체차임이나 관리비 등이 있으면 이는 특별한 사정이 없는 한 임대차보증금에서 당연히 공제된다. 일반적으로 임차건물의 양도 시에 연체차임이나 관리비 등이 남아있더라도 나중에 임대차관계가 종료되는 경우 임대차보증금에서 이를 공제하겠다는 것이 당사자들의 의사나 거래관념에 부합하기 때문이다(위 2016다218874).

따라서 乙이 丙에게 연체한 차임 1,500만 원뿐 아니라 甲에게 연체한 차임 1,800만 원 합계 3,300만 원의 연체차임이 위 보증금에서 당연공제된다.

D. 결론

乙의 청구는 기각된다.

[표준판례]

591. 주택임차권의 대항력

대법원 2001. 12. 27. 선고 2001다63216 판결

: 주택의 소유권보존등기가 이루어진 후 토지의 분할 등으로 인하여 지적도, 토지대장, 건축물대장 등의 주택의 지번 표시가 등기부상 지번과 상이하게 된 경우, 토지대장 및 건축물대장상의 지번에 따른 주민등록이 유효한 임대차의 공시방법으로 되는지 여부(적극)

592. 상가건물임대차보호법의 적용범위

대법원 2011. 7. 28. 선고 2009다40967 판결

: 임차인이 상가건물의 일부를 임차하여 영업활동을 해 온 사안에서, 위 임차부분은 상가건물 임대차보호법이 적용되는 상가건물에 해당한다고 한 사례

제4문

도급[1]

기초사실 :

(1) 甲은 2015. 8. 1.乙로부터 乙소유 X 토지상에 3층 규모의 Y건물을 수급인 甲명의로 건축허가를 받아 신축하기로 하고 다음과 같은 내용의 공사도급계약을 체결하였다.

- 공사기간 : 2015. 8. 10. – 2016. 2. 10. (6개월간)

- 공사대금 : 총액 3억 원

- 공사에 필요한 자재는 甲이 제공

- 지급 및 이행방법 : 계약체결시 선급금 1억 원 지급, 중도금은 전체공정의 2/3 공사를 마치면 1억 원 지급, 잔금은 2016. 2. 10.까지 건물을 완성하여 인도할 때 1억 원 지급. 준공 후 甲 명의로 소유권보존등기를 경료하고 甲이 임대하여 공

---

[1] 법전협 2017-3 제1문의1 문제 2; 법전협 2013-3 제2문 문 3.

사비의 일부를 충당한 다음, 준공 1년 후 乙의 잔금 지급과 동시에 乙에게 이전등기

甲은 2015. 8. 10. 공사에 착수하여 그 해 10. 중순경까지 지상 2층까지의 골조공사 및 지붕과 주벽공사를 마쳤다(전체공정의 2/3에 해당; 이하 '이 사건 기성부분'이라고 한다).

1. 乙은 甲의 1억 원 청구에 대하여, 부실공사라는 등의 근거 없는 이유를 들어 甲의 청구를 거절하였다. 이에 甲은, 1억 원을 지급받기까지는 공사를 계속할 수 없다면서 공사를 중단하였다가 2016. 1. 22. 乙의 중도금지급채무 불이행을 이유로 위 공사도급계약을 적법하게 해제하고 乙에게 "위 1억 원을 지급하고 이 사건 기성부분을 인도해 가라"고 최고한 후 장비와 인원을 철수시킨 채 경비원 한 사람으로 하여금 이 사건 기성부분을 점유·관리하게 하여왔다.

甲은 위 계약해제 후 乙에게 이 사건 기성부분에 상응하는 보수로서 위 수령한 선급금을 제외한 1억 원의 지급을 청구하는 소를 제기하였다. 甲의 청구원인을 밝히고, 이에 대한 법원의 판단을 서술하라.

A. 도급계약의 해제에 따른 법률관계

일반적으로 계약이 해제되면 계약 당사자 쌍방은 계약에 따른 의무를 면하고 종전의 채무는 원상회복 및 손해배상의무로 변경된다. 그러나 도급계약에 있어서 해제 당시 공사가 상당한 정도로 진척되어 그 원상회복이 중대한 사회적·경제적 손실을 초래하게 되고, 완성된 부분이 도급인에게 이익이 되는 경우에는, 도급인이 도급계약을 해제하는 경우에도 계약은 미완성부분에 대하여서만 실효되고 수급인은 해제한 때의 상태 그대로 건물을 도급인에게 인도하고 도급인은 완성부분에 상당한 보수를 지급하여야 한다(대판 1992. 12. 22. 92다30160 등).

사안에서 위 공사도급계약은 적법하게 해제되었으나, 공사가 완성된 부분이 乙에게 이익이 된다고 해석되므로, 계약해제에도 불구하고 乙는 A에게 이 사건 기성부분에 대한 보수를 지급할 의무가 있다.

B. 결론

甲의 청구원인은 도급계약의 해제에도 불구하고 도급인이 지급하여야 할 기성부분에 대한 보수지급청구이다. 이에 대하여 법원은, 甲이 구하는 바에 따라 기성부분의 보수 2억 원(=공사대금 3억 원 x 기성고 2/3) 중 기수령 선급금 1억 원을 제외한 나머지인, 위 1억 원의 청구를 인용할 것이다.[2]

2. (위 1.과는 달리) 乙은 예정대로 甲에게 선급금 1억 원과 중
도금 1억 원을 지급하였다. 그런데 甲의 사정으로 공사기간이
늘어났고, 결국 甲은 원래 예정한 인도일을 한 달 지난 2016.
3. 10.이 되어서야 乙에게 건물을 인도하였다. 乙은 건물을 인
도받을 때까지 자신의 공사대금을 지급하거나 지급하려는 시
도를 하지 않았고, 2016. 3. 10. 건물을 인도받으면서도 자금사
정을 이유로 잔금 1억 원 중 3천만 원만 지급하고 나머지 7천
만 원은 건물을 분양하여 지급하겠다고 하였다. 甲이 일부 잔
금의 수령을 거절하자 乙은 위 3천만 원을 변제공탁한 상태이
다.

가. 이러한 상황에서 2016. 4. 15. 甲은 乙에게 공사잔금채
권 1억 원 및 이에 대한 2016. 2. 11. 부터 다 갚는 날까지의 지
연손해금(연12%)의 지급을 구하는 소를 제기하였다(소송촉진에
관한 특례법은 고려하지 않는다).
甲의 청구금액은 어떤 근거에 의하여 산출된 것인가? 乙이
아무런 항변을 하지 않았다고 할 때 甲의 청구는 전부 받아들
여질 수 있는 것인지를 설명하라.

---

2) 해제되더라도 기성부분에 대한 인도는 甲이 乙에게 행하여야 할 것이고, 이것이 기성
부분에 대한 보수의 지급과 동시이행관계가 있으므로 위 동시이행의 항변이 있었다
면 법원은 상환이행판결을 선고할 것이다.

나. 위 소송 중 밝혀진 바에 의하면, 乙이 건물을 인도받은 날 건물의 중요부분에 균열이 발생한 사실을 발견하여 즉시 甲에게 보수를 청구하였으나, 甲이 이를 상당기간이 지나도록 이행하지 않았다.

이에 乙이 2016. 5. 15. 甲에게 위 균열의 보수에 소요되는 비용 1,000만 원의 청구권을 남겨두고 9,000만 원을 지급하자, 甲은 청구금액을 1,000만 원 및 그 지연손해금으로 감축하였다. 乙은 2016. 6. 15. 위 소송의 변론기일에서 위 하자보수에 갈음하는 1,000만 원의 손해배상채권 및 이에 대한 지연손해금을 자동채권으로 하여 甲의 위 청구채권과 대등액에서 상계한다는 상계항변을 하였다.

한편 甲의 채권자인 丁은 자신의 채권을 피보전채권으로 甲의 乙에 대한 1억 원의 잔대금채권 중 1천만 원의 채권을 2016. 3. 5.가압류하였고, 위 가압류결정이 같은 달 7. 위 가압류의 제3채무인 乙에게 송달된 바 있다.

법원은 甲의 청구에 대하여 어떤 판단을 하게 될 것인지 논거를 들어 설명하라.

2-가

乙의 일부 변제공탁은 유효한 공탁이 아니므로 원칙적으로 변제의 효과가 없다. 따라서 甲의 1억 원 청구는 이유 있다.

甲의 지연손해금 청구는 乙의 잔금지급의무의 이행지체를 이유로 한 것이지만, 이와 동시이행관계에 있는 도급물의 인도채무를 甲이 제공하지 않은 채 위 변제기를 경과하였고 2016. 3. 10. 비로소 인도채무를 이행하였으므로 2016. 3. 11. 부터 지연손해금이 발생한다(동시이행항변권에 관한 존재효과설).

2-나

A. 결론

乙의 상계항변을 받아들여 甲의 청구를 모두 기각한다.

B. 논거

1. 문제의 소재

甲은 잔대금 1천만 원 및 이에 대하여 완공시인 2016. 3. 11. 이후의 지연손해금 채권을 가지는바, 乙의 하자보수에 갈음하는 손해배상채권 1천만 원 및 지연손해금으로 상계가능한지 여부가 문제된다.

2. 상계적상

상계요건과 사안에서 그 충족여부를 검토한다.

1) '대립되는 채권의 존재' 요건은 구비하였다(단, 지연손해금 부분은 뒷부분 참조).
2) 상계의 의사표시 당시에 양 채권이 이행기에 도래하였다.
   - 甲의 대금청구권(수동채권)은 완공시점인 2016. 3.10. 이미 이행기가 도래하였다.
   - 乙의 채권에 있어서, 하자보수에 갈음하는 손해배상청구권의 발생시기를 하자보수를 청구한 시기로 볼 것인지(동일성 유지라는 측면에서) 아니면 실제로 손해배상청구권을 행사한 시기로 볼 것인지는 명확하지 아니하지만, 후자로 보더라도 손해배상청구권을 행사하면서 상계항변을 하였으므로, 상계의 의사표시 당시 이행기가 도래한 점은 의문이 없다.[3]
3) 상계가 금지되지 않을 것
   자동채권에 동시이행항변권이 붙어 있으면 상계할 수 없지만, 자동·수동 채권이 상호 동시이행관계가 있으므로 상계가능하다.
   乙의 채권이 발생(건물완공 다음 날 또는 소송상행사시점) 전에,

---

3) 대법원 1989. 12. 12. 선고 88다카18788 판결 - 수급인의 공사비 채권의 변제기는 건물의 준공, 인도일이라 할 것이나, 도급인인 피고의 하자보수채권의 변제기는 피고가 그 권리를 행사한 때라고 보아야 할 것이다].

위 잔대금채권에 대한 가압류명령이 있었지만, 위 자동채권과 수동
채권은 동시이행관계에 있고 자동채권 발생의 기초가 되는 원인은
수동채권이 가압류되기 전에 이미 성립하여 존재하고 있었으므로,
그 자동채권은 민법 제498조 소정의 "지급을 금지하는 명령을 받은
제3채무자가 그 후에 취득한 채권"에 해당하지 아니하고, 위 채권에
의한 상계로 압류채권자에게 대항할 수 있다(대판 2001. 3. 27. 2000다
43819). 같은 이유에서 자동채권의 이행기가 수동채권의 이행기 후
에 도래하는 점도 문제되지 않는다.

3. 상계권의 행사와 상계의 효과발생

상계의 의사표시로 대등액의 범위 내에서 상계가능시(완공시인
2016. 3. 10.)에 소급하여 상계효과 발생하므로, 1천만 원의 원금 청구
부분은 기각된다.

지연손해금에 대해서 보면, 대금청구권과 하자보수채권은 동시
이행관계에 있으므로, 乙이 하자보수청구권이나 손해배상청구권을
보유하고 이를 행사하는 한에 있어서는 乙는 물론 甲 채권의 지연손
해금도 발생하지 않는다. 대등액 상계 후 남는 대금채무는 상계 의사
표시 다음 날 이행지체에 빠지고, 지연손해금이 발생할 것이지만, 이
사안에서는 상계하고 남는 금액이 없으므로, 甲의 지연손해금청구도
기각된다.

관련문제 위험부담, 제3자 채권침해

3. (기초사실 및 위 1. 의 사실관계에 추가하여) 한편 甲은 X 토지에 관하여 2014. 9.21. 근저당권을 취득하였는데, 그 피담보채무를 변제받지 못하였기에 임의경매를 신청하였고, 그 절차에서 丙이 2017. 12. X 토지를 금 2억 원에 경락받아 그 무렵 소유권이전등기를 마쳤다.

丙은 X 토지상에 예식장을 건축할 계획을 세우고 이 사건 기성부분을 철거하고자 하였는바, 甲이 위 철거계획을 알고 丙에게 이 사건 기성부분은 乙의 소유가 아니라 甲의 소유라고 주장하면서 기성공사대금을 지급받기 전에는 철거에 응할 수 없다고 통보하였지만, 丙은 이 사건 기성부분을 무단으로 완전 철거하였으며 그 철거에 따른 폐자재를 임의로 처분하였다.

가. 甲의 2016. 1. 22. 자 적법한 계약 해제와 丙에 의한 위 기성부분의 철거 후 甲이 乙을 상대로 한 중도금 1억 원의 청구에 대하여 乙은, 甲의 乙에 대한 이 사건 기성부분의 인도의무가 甲의 위험부담으로 소멸되었으므로 甲의 청구에 응할 수 없다고 항변한다.

乙의 항변내용을 감안하여, 甲의 청구의 당부를 이유를 들어 판단하라.

나. 甲은 丙을 상대로는 불법행위를 이유로 한 손해배상을

청구한다. 丙이 X 토지의 소유자로서 그 방해배제청구권에 기하여 甲을 상대로 이 사건 기성부분의 철거를 구할 수 있다고 하더라도, 집행력 있는 채무명의 등에 기한 정당한 절차에 따르지 아니하고 무단히 甲 소유의 기성부분을 철거하였으므로 그 과정에서 甲이 입은 손해로서 기성부분의 소유권을 상실하게 됨에 따른 2억 원 상당의 손해를 배상할 책임이 있고, 그렇지 않더라도 이 사건 기성부분은 甲의 乙에 대한 공사대금채권의 담보물인데 丙의 불법철거로 위 시가인 2억 원 상당액의 공사대금채권이 침해되는 손해(제3자 채권침해로 인한 손해)를 입었다는 것이다.

이에 대한 법원이 이 사건 기성부분을 甲의 재료와 노력으로 건축되었고 독립한 소유권의 객체로서 X 토지에 부합되지 않은 甲 소유라고 판단하였다면 甲의 위 청구에 대하여 어떤 결론을 내릴 것인가? 이유를 들어 설명하라.

3-가

A. 乙의 수령지체

사안에서 甲이 2016. 1. 22. 적법하게 계약을 해제하고 乙에 대하여 기성부분의 인도를 최고하였는바, 이로써 甲으로서는 계약해제에 따른 자기 의무의 이행을 제공하였다고 볼 수 있고, 그런데도 乙

은 정당한 이유 없이 그 수령을 거절함으로써 이때부터 수령지체에 빠졌다 할 것이다(대판 1993. 3. 26. 91다14116).

B. 수령지체로 인한 위험부담의 이전

乙의 수령지체 중에 丙이 이 사건 기성부분을 무단으로 완전 철거하였는바, 이는 쌍방의 책임 없는 사유로 인한 목적물이 멸실된 경우에 해당한다. 이에 대하여 甲은 고의 또는 중대한 과실이 없으므로 기성부분 인도의무의 불이행으로 인한 책임을 면하고(민법 제401조), 乙의 甲에 대한 공사대금채무는 수령지체 중 채권자위험부담원칙에 따라 존속하게 된다(제538조 제1항 2문)

따라서 甲은 乙에게 더 이상 기성부분의 인도의무는 물론 위 채무의 이행불능으로 인한 손해배상의무를 부담하지 않는 반면, 乙은 甲에게 공사대금의무를 여전히 부담하게 된다.[4]

C. 결론

甲의 청구는 이유 있어 인용된다.

---

4) 이 경우에 甲이 기성부분인도를 위한 구두의 이행제공을 하였으므로 이행제공일 이후에는 위 공사대금에 대하여 지체책임을 부담하며, 이때 금전채무의 불이행으로 인한 손해배상은 따로 약정이율이 없으므로 법정이율(연5푼)에 의한다(제397조).

3-나

甲이 이 사건 기성부분의 소유자라 하여도 그 부지인 이 사건 대지의 소유자인 丙에게 대항할 수 있는 권원이 없어 조만간 손해배상 없이 이를 자진철거하거나 강제로 철거당할 운명이었으므로, 위 불법철거로 인한 손해는 이 사건 기성부분의 교환가격이나 투자비용이라고는 할 수 없다.

이 사건 철거행위가 제3자의 채권침해에 해당하는지 여부는, 甲의 乙에 대한 이 사건 기성부분의 인도의무가 소멸함에 따라 乙의 甲에 대한 이 사건 공사대금채무도 더불어 소멸되는 경우에 한하여 거론할 수 있을 것이다. 그러나 앞서 본 바와 같이 이 사건 기성부분의 철거에도 불구하고 甲의 乙에 대한 공사대금채권이 감소 또는 소멸되는 것은 아니므로, 그 공사대금채권에 상당하는 손해가 발생한다고 할 수 없다.

다만, 甲은 이 사건 기성부분에 대한 丙의 불법적인 철거로 인하여, 위 기성부분이 적법하게 철거될 때까지 당분간 부지를 불법점유한 채 기성부분을 사실상 사용할 수 있는 이익, 철거 후 기성부분의 폐자재를 회수할 수 있는 이익의 침해로 인한 손해에 한정된다고 볼 수 있으므로, 이 부분에 한하여 甲의 청구는 이유 있다.

[표준판례]

593. 제작물공급계약
대법원 1996. 6. 28. 선고 94다42976 판결
: 제작물공급계약의 법적 성질과 그에 대한 적용법률

594. 건설도급계약해제의 효과
대법원 2017. 1. 12. 선고 2014다11574, 11581 판결
: 건축공사도급계약이 수급인의 채무불이행을 이유로 해제될 당시 공사
가 상당한 정도로 진척되어 이를 원상회복하는 것이 중대한 사회적·경
제적 손실을 초래하고 완성된 부분이 도급인에게 이익이 되는 경우, 도
급계약의 권리의무관계 / 건축공사도급계약이 중도해제된 경우, 도급인
이 지급하여야 할 보수는 약정한 총 공사비에 기성고 비율을 적용한 금
액인지 여부(원칙적 적극) / 이때 기성고 비율을 확정하는 방법 및 기성고
비율과 대금에 관하여 분쟁이 있는 경우, 당사자들이 약정으로 이를 정
산할 수 있는지 여부(적극)

595. 수급인의 하자담보책임과 도급인의 동시이행항변권
대법원 2014. 1. 16. 선고 2013다30653 판결
: 건물신축 도급계약에서 완성된 신축 건물에 하자가 있고 하자 및 손해
에 상응하는 금액이 공사잔대금액 이상이어서 도급인이 하자보수청구권
등에 기하여 수급인의 공사잔대금 채권 전부에 대하여 동시이행 항변을
한 경우, 수급인이 공사잔대금 채권에 기한 유치권을 행사할 수 있는지

여부(원칙적 소극)

596. 수급인의 하자담보책임의 내용

대법원 2016. 8. 18. 선고 2014다31691, 31707 판결

: 도급계약에서 완성된 목적물에 중요한 하자가 있는 경우, 하자의 보수에 갈음한 손해배상의 범위 / 완성된 건물 등에 중대한 하자가 있어 보수가 불가능하고 다시 건축할 수밖에 없는 경우, 건물 등을 철거하고 다시 건축하는 데 드는 비용 상당액을 하자로 인한 손해배상으로 청구할 수 있는지 여부(원칙적 적극)

597. 수급인의 저당권설정청구권과 채권자취소권

대법원 2008. 3. 27. 선고 2007다78616,78623 판결

: 수급인의 저당권설정청구권에 관한 민법 제666조의 입법 취지 및 수급인의 저당권설정청구권 행사에 따라 도급인이 저당권을 설정하는 행위가 사해행위에 해당하는지 여부(소극)

제5문

여행계약[1], 위임 등

I. 2019. 5. 29. 21:00 헝가리 부다페스트 다뉴브 강에서 한국인 승객 33명, 헝가리인 승무원 2명(선장, 기관장 각 1명) 등 총 35명이 탄 유람선이 부근을 지나던 크루즈 선박과 충돌 후 전복되어 침몰하였다. 위 탑승한 한국인들은 甲 여행사가 기획한 패키지 여행 상품의 일환으로 5. 25. 출국하여 6. 2. 귀국 예정인 여행객들이었다. 사고의 원인이 된 다뉴브강 유람선 야경 관람은 해당 상품의 일정에 기본적으로 포함되는 내용이었다.

위 사고의 직접 원인이 위 유람선 선장의 운행상의 과실로 인한 것이라고 가정할 때, 위 사고로 인하여 사망한 패키지 여행객 乙의 단독상속인 丙이 甲 여행사에 대하여 채무불이행책임을 물을 수 있는 근거가 될 만한 사유를 찾아내어 이론을 구

---

1) 유사한 문제로서, 2021년 10회 변시 2문의3 문제 3(승마체험).

성하라.

A. 甲 여행사의 보호의무

甲 여행사는 乙 등과 패키지여행계약을 체결하면서 다뉴브 강의 유람선 탑승 서비스를 포함시켜 제공하기로 하였다. 이러한 패키지 여행계약의 여행업자로서는, 주된 급부로서 계약에 포함된 여행을 수행할 의무를 부담하는 외에, 보호의무로서 당해 여행의 구체적인 상황에 따라 여행자의 안전을 확보하기 위하여 적절한 조치를 강구할 주의의무가 있다(대판 1998. 11. 24. 98다25061). 甲 여행사가 이러한 안전배려의무의 이행을 게을리 하였다면 여행계약의 상대방인 여행자에게 위 채무불이행을 이유로 한 손해배상책임이 있다.

B. 이행보조자 과실

이행보조자의 고의·과실은 채무자의 고의·과실로 간주된다(제391조). 여기에서 이행보조자는 채무자의 의사 관여 아래 채무의 이행행위에 속하는 활동을 하는 사람이면 족하고, 반드시 채무자의 지시 또는 감독을 받는 관계에 있어야 하는 것은 아니므로 채무자에 대하여 종속적인 지위에 있는지, 독립적인 지위에 있는지는 문제되지 않는다(대판 2011. 5. 26. 2011다1330).

사안에서 위 유람선의 선장은 甲 여행사의 이행보조자로서, 보호의무 위반으로 乙의 생명을 침해하였는바, 이러한 위 선장의 과실은 甲의 과실로 간주된다.

C. 결론

따라서 甲 여행사는 乙의 단독상속인 丙에 대하여 계약책임으로서 채무불이행으로 인한 손해를 배상할 책임이 있다.

제6문

사무관리

I.   丙은 丁에게 건물신축공사를 도급하면서, 법령이 요구하는 바에 따라 戊와의 사이에 이 사건 공사로 발생하는 건설폐기물 처리에 관한 용역계약을 체결하여 戊로 하여금 위 공사 현장에서 발생한 건설폐기물을 처리하도록 하고 그 대금을 5백만 원으로 정하였다. 그런데 丁이 위 건물신축공사를 시행하는 과정에서 丁의 귀책에 의하여 위 용역계약에서 예정하였던 1톤을 훨씬 초과한 3톤의 건설폐기물이 발생하였고, 戊는 위 초과된 2톤에 해당하는 건설폐기물의 처리는 丙과의 계약관계에 따른 것은 아니고 자신과 계약관계가 없는 丁의 이익을 위한 것이라고 전제한 다음 위 초과한 건설폐기물까지 처리하였다. 戊는 丙과 체결하였던 용역계약상 처리비용 단가에 기초하여 丁에게 1천만 원의 처리비용을 청구하였다.

　　戊의 丁에 대한 위 1천만 원의 건설폐기물처리비용청구가 어떤 근거(조문 명시)에 기하여 인용될 수 있는지를 설명하라.

A. 결론

사무관리에 있어서 관리자의 비용상환청구(제739조 제1항)에 의하여 인용된다.

B. 논거

위 비용 1천만 원은 戊와 丁 사이에 계약관계가 없음에도 불구하고 戊가 지출한 것인데, 戊에게 그 사무처리로 인한 사실상의 이익을 본인(丁)에게 귀속시키려는 의사, 즉 타인을 위하여 사무를 처리하는 의사가 있으므로(이 점에서 관리의사가 없는 부당이득과 구별된다), 戊가 위 초과 건설폐기물을 처리한 행위는 사무관리에 해당한다.

그런데 유상으로 일하는 관리자의 직업 내지 영업의 범위 내에서 사무관리가 이루어졌다면 관리자는 통상의 보수도 함께 제739조 제1항의 필요비 내지 유익비로서 청구할 수 있다(대판 2010. 1. 14. 2007다55477). 따라서 戊는 丙과 체결하였던 용역계약상 건설폐기물처리비용 단가에 기초하여 丁에게 1천만 원의 처리비용을 청구한 것이다. 따라서 戊의 위 청구는 인용된다.

[표준판례]

605. 사무관리와 관리의사

대법원 2010. 1. 14. 선고 2007다55477 판결

: 관리자가 처리한 사무의 내용이 관리자와 제3자 사이에 체결된 계약상
의 급부와 그 성질이 동일하다고 하더라도 관리자가 위 계약상 약정된
급부를 모두 이행한 후 본인과의 사이에 별도의 계약이 체결될 것을 기
대하고 사무를 처리한 경우, 사무관리 의사가 있다고 볼 수 있는지 여부
(적극)

606. 국가사무의 처리와 사무관리의 성립

대법원 2014. 12. 11. 선고 2012다15602 판결

: 타인의 사무가 국가의 사무인 경우, 원칙적으로 사인이 법령상 근거 없
이 국가의 사무를 수행할 수 없다는 점을 고려하면, 사인이 처리한 국가
의 사무가 사인이 국가를 대신하여 처리할 수 있는 성질의 것으로서, 사
무 처리의 긴급성 등 국가의 사무에 대한 사인의 개입이 정당화되는 경
우에 한하여 사무관리가 성립하고, 사인은 그 범위 내에서 국가에 대하
여 국가의 사무를 처리하면서 지출된 필요비 내지 유익비의 상환을 청구
할 수 있다.

620. 이른바 전용물소권과 사무관리

대법원 2013. 6. 27. 선고 판결

: 의무 없이 타인을 위하여 사무를 관리한 자가 타인에 대하여 민법상 사

무관리 규정에 따라 비용상환 등을 청구할 수 있는 외에 사무관리에 의하여 사실상 이익을 얻은 제3자에게 직접 부당이득반환을 청구할 수 있는지 여부(소극)

제7문

부당이득(1) – 급부부당이득[1], 불법원인급여[2], 전용물소권[3]

I.　甲은 도박장을 차리고 乙을 고용하여 사기도박을 하고 있었다. 이러한 사실을 모르는 丙은 乙과 도박을 하다가 도박자금이 떨어지자 같은 날 甲으로부터 3천만 원을 변제기를 3개월 후로 정하여 도박자금 명목으로 차용하였다.

　　丙은 변제기에 위 차용금을 변제하였으나, 뒤늦게 위와 같은 소비대차계약이 제103조에 의하여 무효라는 사실을 알고서 甲을 상대로 위 변제한 3천만 원의 반환을 구하였다. 이에 대하

---

1)　급부부당이득이란, 일정한 채무의 이행을 위하여 급부가 행하여졌으나 그 채무의 성립원인이 되는 법률행위가 무효이거나 취소되는 등으로 급부의 법률상 원인이 존재하지 않은 경우에 성립하는 유형으로서, 주로 계약법의 보충규범으로 기능한다. 급부부당이득을 제한하는 법리로는 불법원인급여, 삼각관계에서의 부당이득에 있어서 전용물소권 부인 등이 있다.

2)　법전협 2016-1 제2문의 2 문1 참조.

3)　법전협 2018-2 제1문의 1 문제2. 그 외에도 비용상환청구권과 관련하여 전용물소권을 인정하지 않은 변시 2015년 4회 제1문의 4, 법전협 2019-2 제2문의 2, 법전협 2019-3 제2문의 1 문제2 참조.

여 甲은, 위 소비대차계약이 제103조에 의하여 무효라고 하더
라도, 제746조에 의하여 반환청구를 할 수 없다고 항변하였다.
위 항변의 당부를 판단하라.

A. 동기의 불법과 법률행위의 효력

사안에서 甲은 丙이 도박자금으로 사용하기 위하여 금원을 차용
한다는 사실을 알고 있었는바, 이는 소비대차계약 자체는 사회질서
에 반하지 않으나 그 목적이나 동기가 선량한 풍속 기타 사회질서에
위반하는 동기의 불법에 해당한다.

동기의 불법과 관련하여, 판례는 상대방에게 표시되거나 알려진
법률행위의 동기가 반사회질서적인 경우에는 그 법률행위를 무효라
고 한다(대판 1994. 3. 11. 93다40522).

따라서 사안에서 위 소비대차계약은 무효이다.

B. 불법원인급여

위 소비대차계약이 제103조에 의하여 무효라고 하더라도 일단
위 무효인 계약에 의하여 급부가 행해진 이상, 원칙적으로 제746조
본문에 의하여 그 이익의 반환을 청구하지 못한다. 그러나 동조 단서
에 의하여 그 불법원인이 수익자에게만 있는 때에는 반환을 청구할
수 있다. 나아가 판례는 불법의 원인이 급여자와 수익자 모두에게 있

더라도 수익자의 불법성이 급여자의 불법성보다 현저히 큰 경우에
는 공평과 신의성실의 원칙을 이유로 제746조 본문의 적용을 배제
하고 급여자의 반환청구를 인정한다(대판 1997. 10. 24. 95다49530).

사안은 급여자인 丙의 불법성보다 수익자인 甲의 불법성이 현저
히 큰 경우이므로 판례가 인정하는 불법성비교론에 따르더라도 제
746조 단서가 적용되어 丙의 반환청구가 인정된다.

C. 결론

제746조 본문을 이유로 하는 甲의 항변은 이유 없고, 丙의 반환
청구가 인정된다.

Ⅱ. 甲은 2017. 3. 1. 乙에게 자신의 소유인 X 토지를 5억 원에
매도하면서 계약 당시 계약금 5천만 원을 지급받았고, 같은 해
4. 1. 중도금 1억 5천만 원, 같은 해 5. 1. 소유권이전등기에 필
요한 서류의 교부 및 X 토지의 인도와 상환으로 잔대금 3억 원
을 지급받기로 합의하였다.

한편 甲은 丙에 대하여 1억 5천만 원의 차용금채무를 부담
하고 있었는데, 丙으로부터 대여금상환의 독촉을 받고 있던 중
2017. 4. 1. 乙로 하여금 중도금 1억 5천만 원을 자신에게 지급
하는 대신에 丙에게 지급해 줄 것을 부탁하는 한편, 이와 같은
사정을 丙에게 알렸다. 乙은 甲의 부탁에 따라 당일 丙의 계좌

로 1억 5천만 원을 송금하였다.

그런데 甲의 乙에 대한 X 토지의 소유권이전의무는 甲의 책임 있는 사유로 이행할 수 없게 되었고, 이에 乙은 甲과의 매매계약을 해제하고 丙을 상대로 위 송금한 1억 5천만 원의 반환을 구하였다. 乙의 청구의 당부를 판단하라.

A. 쟁점

乙은 甲과의 매매계약 해제에 따라 원상회복으로서 자신이 지급한 중도금을 반환받을 수 있는데(제548조 제1항), 이는 계약의 소급적 실효에 의한 부당이득반환으로서의 실질을 가진다. 사안의 경우 乙의 甲에 대한 계약상 급부인 중도금지급이 甲의 부탁 또는 지시에 의하여 제3자인 丙에게 행해진 것인데, 이 경우 계약해제에 따른 원상회복에 있어서 실제로 수령한 자인 丙에게 반환을 청구할 수 있을 것인지가 문제된다.

B. 논거

계약의 일방당사자가 상대방의 지시 등으로 상대방과 또 다른 계약관계를 맺고 있는 제3자에게 직접 급부한 경우(이른바 삼각관계에서의 급부가 이루어진 경우), 그 급부로써 급부를 한 당사자의 상대방에 대한 급부가 이루어질 뿐 아니라 그 상대방의 제3자에 대한 급부도 이루어지는 것이므로[4] 계약의 일방당사자는 제3자를 상대로 법률상 원인 없이 급부를 수령하였다는 이유로 부당이득반환청구를 할 수 없다. 이러한 경우에 계약의 일방당사자가 상대방에 대하여 급부를 한 원인관계인 법률관계에 무효 등의 흠이 있다는 이유로 제3자를 상대로 직접 부당이득반환청구를 할 수 있다고 보면 자기 책임 하에 체결된 계약에 따른 위험부담을 제3자에게 전가하는 것이 되어 계약법의 원리에 반하는 결과를 초래할 뿐만 아니라 수익자인 제3자가 상대방에 대하여 가지는 항변권 등을 침해하게 되어 부당하기 때문이다(대판 2008. 9. 11. 2006다46278).

따라서 사안에서 乙은 甲을 상대로 반환을 청구하여야 하고, 丙에게 반환을 청구할 수 없다.

C. 결론

乙은 丙에게 반환을 청구할 수 없다.

---

4)   이를 '제3자방 이행'이라고 한다(대판 2010. 3. 11. 2009다98706).

[표준판례]

607. 급부부당이득과 침해부당이득의 증명책임

대법원 2018. 1. 24. 선고 2017다37324 판결

: 급부부당이득의 경우, 법률상 원인이 없다는 점에 대한 증명책임의 소재(=부당이득반환을 주장하는 자) 및 이때 주장·증명하여야 할 사항 / 침해부당이득의 경우, 이익을 보유할 정당한 권원이 있다는 점에 관한 증명책임의 소재(=부당이득반환 청구의 상대방)

608. 채권의 불성립 또는 무효와 부당이득반환의무

대법원 2017. 12. 5. 선고 2017다225978, 225985 판결

: 상계계약에서 한쪽 당사자의 채권이 불성립 또는 무효이어서 채무면제가 무효가 되면 상대방의 채무면제도 당연히 무효가 되는지 여부(적극) / 이때 상대방의 채권이 유효하게 존재하였던 경우, 채무자가 채무를 이행하지 않았다고 하여 법률상 원인 없이 채무를 면하는 이익을 얻었다고 볼 수 있는지 여부(소극) 및 상대방의 채권도 불성립 또는 무효이어서 존재하지 않았던 경우, 채무자가 채무를 면하는 이익을 얻었다고 볼 수 있는지 여부(소극)

616. 토지수용과 가압류의 효력

대법원 2009. 9. 10. 선고 2006다61536,61543 판결

: 공익사업을 위한 토지 등의 취득 및 보상에 관한 법률에 의하여 토지가 수용됨에 따라 기존의 가압류의 효력이 소멸한 경우, 가압류 집행 후 토

지의 소유권을 취득한 제3취득자가 보상금을 전액 수령하는 것이 부당
이득에 해당하는지 여부(소극)

617. 확정판결이 실체적 권리관계와 다른 경우와 부당이득반환의무

대법원 2009. 11. 12. 선고 2009다56665 판결

: 불법행위로 인한 손해배상청구소송의 판결이 확정된 후 피해자가 그
판결에서 손해배상액 산정의 기초로 인정된 기대여명보다 일찍 사망한
경우, 기지급된 손해배상금 일부를 부당이득으로 반환을 구할 수 있는지
여부(원칙적 소극- 기판력)

619. 제3자에 대한 부당이득반환청구

대법원 2002. 8. 23. 선고 99다66564, 66571 판결

: 계약상의 급부가 계약의 상대방뿐만 아니라 제3자의 이익으로 된 경우
에 급부를 한 계약당사자가 계약 상대방에 대하여 계약상의 반대급부를
청구할 수 있는 이외에 그 제3자에 대하여 직접 부당이득반환을 청구할
수 있는지 여부(소극)

621. 삼각관계에서 급부가 이루어진 경우와 부당이득반환관계

대법원 2018. 7. 12. 선고 2018다204992 판결

: 계약의 한쪽 당사자가 상대방의 지시 등으로 상대방과 또 다른 계약관
계에 있는 제3자에게 직접 급부한 경우, 그 당사자가 상대방에게 급부를
한 원인관계인 법률관계에 무효 등 흠이 있거나 계약이 해제되었다는 이
유로 제3자를 상대로 직접 부당이득반환청구를 할 수 있는지 여부(소극)

622. 부당이득의 대상

대법원 1996. 11. 22. 선고 96다34009 판결

: 채권의 취득이 부당이득 성립요건으로서의 이익이 되는지 여부(적극)

623. 부당이득반환의 대상이 금전인 경우 현존추정

대법원 2009. 5. 28. 선고 2007다20440,20457 판결

: 부당이득으로 금전과 유사한 대체물을 취득한 경우, 그 소비 여부를 불문하고 현존하는 것으로 추정되는지 여부(적극)

624. 쌍무계약이 취소된 경우, 선의의 매도인의 부당이득반환범위

대법원 1993. 5. 14. 선고 92다45025 판결

: 쌍무계약이 취소된 경우 선의의 매도인은 대금의 운용이익 내지 법정이자를 반환할 필요가 있는지 여부(소극)

626. 악의의 수익자라는 점에 대한 증명책임

대법원 2010. 1. 28. 선고 2009다24187,24194 판결

: 민법 제748조 제2항에 정한 '악의'의 의미 및 계약명의신탁에서 명의수탁자가 수령한 매수자금이 명의신탁약정에 기하여 지급되었다는 사실을 알았다는 사정만으로 '악의의 수익자'로 단정할 수 있는지 여부(소극)

629. 악의의 수익자인 매도인이 반환할 매매대금에 붙이는 법정이자의 법적 성질(부당이득반환)

대법원 2017. 3. 9. 선고 2016다47478 판결

630. 비채변제의 성립요건

대법원 1997. 7. 25. 선고 97다5541 판결

: 자유로운 의사에 반하여 이루어진 비채변제에 있어서, 부당이득반환청
구권의 가부(적극)

631. 불법원인급여의 성립요건

대법원 1995. 8. 11. 선고 94다54108 판결

: 민법 제746조에서 불법의 원인으로 인하여 급여함으로써 그 반환을 청
구하지 못하는 이익은 종국적인 것을 말한다.

632. 불법원인급여와 송금위탁계약의 해제

대법원 1992. 12. 11. 선고 92다33169 판결

: 불법원인급여에 관한 민법 제746조의 규정취지 및 불법의 원인으로 금
원을 급여한 사람이 송금위탁계약에 기한 급여임을 전제로 해제를 주장
하여 금원의 반환을 구할 수 있는지 여부(소극)

633. 불법원인급여와 소유권에 기한 물권적 청구권과의 관계

대법원 1979. 11. 13. 선고 79다483 전원합의체 판결

: 민법 제746조는 단지 부당이득제도만을 제한하는 것이 아니라 동법 제
103조와 함께 사법의 기본이념으로서, 결국 사회적 타당성이 없는 행위
를 한 사람은 스스로 불법한 행위를 주장하여 복구를 그 형식 여하에 불
구하고 소구할 수 없다는 이상을 표현한 것이므로, 급여를 한 사람은 그
원인행위가 법률상 무효라 하여 상대방에게 부당이득반환청구를 할 수

없음은 물론 급여한 물건의 소유권은 여전히 자기에게 있다고 하여 소유권에 기한 반환청구도 할 수 없고 따라서 급여한 물건의 소유권은 급여를 받은 상대방에게 귀속된다.

634. 불법원인급여에 있어서 불법성비교이론
대법원 2013. 8. 22. 선고 2013다35412 판결
: 불법의 원인으로 재산을 급여한 사람은 상대방 수령자가 그 '불법의 원인'에 가공하였다고 하더라도 상대방에게만 불법의 원인이 있거나 그의 불법성이 급여자의 불법성보다 현저히 크다고 평가되는 등으로 제반 사정에 비추어 급여자의 손해배상청구를 인정하지 아니하는 것이 오히려 사회상규에 명백히 반한다고 평가될 수 있는 특별한 사정이 없는 한 상대방의 불법행위를 이유로 그 재산의 급여로 말미암아 발생한 자신의 손해를 배상할 것을 주장할 수 없다고 할 것이다.

635. 명의수탁자의 매도행위가 무효인 경우, 명의수탁자의 매매대금반환의무
대법원 1993. 12. 10. 선고 93다12947 판결
: 부동산의 명의수탁자가 그 부동산을 매도한 것이 반사회적 법률행위로서 무효인 경우 매도인인 명의수탁자의 불법성이 매수인의 불법성보다 크다고 하여 매수인의 매매대금반환청구를 인용한 사례

636. 불법원인급여 후 반환특약의 효력
대법원 2010. 5. 27. 선고 2009다12580 판결

: 불법원인급여를 한 자가 그 부당이득의 반환을 청구하는 경우와는 달리 그 반환약정 자체가 사회질서에 반하여 무효가 되지 않는 한 유효하다. 여기서 반환약정 자체의 무효 여부는 반환약정 그 자체의 목적뿐만 아니라 당초의 불법원인급여가 이루어진 경위, 쌍방당사자의 불법성의 정도, 반환약정의 체결과정 등 민법 제103조 위반 여부를 판단하기 위한 제반 요소를 종합적으로 고려하여 결정하여야 하고, 한편 반환약정이 사회질서에 반하여 무효라는 점은 수익자가 이를 입증하여야 한다.

638. 확정된 배당표에 의한 배당과 부당이득반환의무

대법원 2007. 3. 29. 선고 2006다49130 판결

: 확정된 배당표에 의하여 실시된 배당에서 제외된 일반채권자가 부당이득반환청구권을 가지는지 여부(적극)

640. 전부명령 확정 후 그 집행권원의 기초가 된 법률행위가 무효임이 판명된 경우의 법률관계

대법원 2005. 4. 15. 선고 2004다70024 판결

: 채무자 또는 그 대리인의 유효한 작성촉탁과 집행인낙의 의사표시에 터잡아 작성된 공정증서를 집행권원으로 하는 금전채권에 대한 강제집행절차에서, 비록 그 공정증서에 표시된 청구권의 기초가 되는 법률행위에 무효사유가 있다고 하더라도 그 강제집행절차가 청구이의의 소 등을 통하여 적법하게 취소·정지되지 아니한 채 계속 진행되어 채권압류 및 전부명령이 적법하게 확정되었다면, 그 강제집행절차가 반사회적 법률행위의 수단으로 이용되었다는 등의 특별한 사정이 없는 한, 단지 이러

한 법률행위의 무효사유를 내세워 확정된 전부명령에 따라 전부채권자에게 피전부채권이 이전되는 효력 자체를 부정할 수는 없고, 다만 위와 같이 전부명령이 확정된 후 그 집행권원인 집행증서의 기초가 된 법률행위 중 전부 또는 일부에 무효사유가 있는 것으로 판명된 경우에는 그 무효 부분에 관하여는 집행채권자가 부당이득을 한 셈이 되므로, 그 집행채권자는 집행채무자에게, 위 전부명령에 따라 전부받은 채권 중 실제로 추심한 금전 부분에 관하여는 그 상당액을 반환하여야 하고, 추심하지 아니한 나머지 부분에 관하여는 그 채권 자체를 양도하는 방법에 의하여 반환하여야 한다.

제8문

부당이득(2)[1] – 침해부당이득[2]

I.[3] 甲은 2017. 2. 1. 자신의 아버지 乙 명의로 소유권이전등기가 경료된 X건물(주택이나 상가건물 임대차보호법의 적용 대상이 아님)에 대하여 아무런 권한 없이 자신의 명의로 丙과 임대차계약을 체결함에 있어서 임대차보증금 5,000만 원에 임료는 월 200만 원을 매월 1일에 지급, 기간은 2년으로 약정하였고, 위 임대차계약당일 임차보증금을 수령하면서 丙에게 X건물을 인도하였다. 丙은 甲과의 임대차계약 당시 과실 없이 甲의 임대권한을 오신하였으나, 甲의 무단임대사실을 뒤늦게 안 乙이

---

1) 변시 2021년 제10회 제2문의1 문제 2; 변시 제15년 제4회 제1문의4; 법전협 2017-2 제1문의2 문제 2; 법전협 2016-1 제2문의2 문 1.

2) 침해부당이득이란 주로 반환의무자의 행위에 의하여 반환청구권자의 권리가 침해된 경우에 성립하는 부당이득으로서, 침해자의 고의·과실을 증명할 수 없거나 손해가 발생하지 않는 경우 등에 있어서 불법행위법을 보충하는 기능을 수행한다. 권원 없는 부동산 점유에 대한 임료상당의 이익의 반환이 문제되는 경우가 많다.

3) 제2문 임대차와 관련되는 문제이다.

2018. 10. 말 丙을 상대로 소를 제기하여 위 건물의 인도 및 2017. 2. 1.부터 위 명도완료시까지 임료 상당의 부당이득금을 청구하였다.

1. 乙의 청구 중 부당이득금반환청구의 당부를 판단하라.

2. 丙은 乙의 소장을 받고 2018. 11. 1. 이후의 임료를 甲에게 지급하지 않았다. 그리고 甲에게 임차보증금의 반환을 청구하면서 2019. 1. 15. 창고에 있던 물건을 빼놓은 채 창고 문을 열쇠로 잠가두었다.
甲은 2019. 2. 25. 소를 제기하여 丙을 상대로 임대차종료를 이유로 위 건물의 인도와 연체차임 및 위 임대차종료 후 인도완료시까지의 부당이득금의 반환을 청구하였다. 甲의 청구 중 연체차임 및 부당이득금반환청구의 당부를 판단하라.

2. 丙은 乙의 소장을 받고 2018. 11. 1. 이후의 임료를 甲에게 지급하지 않았다. 그리고 甲에게 임차보증금의 반환을 청구하면서 2019. 1. 15. X건물에 있던 물건을 빼놓은 채 X건물의 문을 열쇠로 잠가두었다.
甲은 2019. 2. 25. 소를 제기하여 丙을 상대로 임대차종료를 이유로 위 건물의 인도와 연체차임 및 위 임대차종료 후 인도완료시까지의 부당이득금의 반환을 청구하였다. 甲의 청구 중 연체차임 및 부당이득금반환청구의 당부를 판단하라.

I-1

A. 부당이득반환의무의 성립 및 선의 점유자의 과실수취권

乙은 X 건물의 소유자이고, 丙은 乙에 대하여 대항할 수 있는 권원 없이 X 건물을 점유하고 있다. 따라서 乙은 丙을 상대로 위 점유로 인한 부당이득의 반환을 청구할 수 있다.

부당이득의 반환범위에 대하여는 제748조가 규정하고 있으나, 점유자와 회복자의 관계에 있어서는 선의 점유자의 과실수취권에 대한 201조가 특칙으로 적용된다.

B. 사안에의 적용

사안에서 丙은 乙의 청구에 대하여 2018. 10. 까지의 丙의 건물점유는 선의의 점유라고 주장하여(甲의 임대권한 부존재에 대한 선의) 위 점유개시 후 2018. 10. 까지의 부당이득금의 지급을 거절할 수 있다.[4]

따라서 乙의 청구는 2018. 11. 1. 부터 인도완료시까지의 부분에 한하여 정당하다.

---

4) 만일 소제기 전에 丙이 乙로부터 항의를 받는 등의 사유가 없다면, 乙의 소제기일 이후부터 악의의 점유로 의제되어(제197조 제2항) 그 시점 이후에만 乙에게 부당이득 반환의무를 진다(대판 2002. 11. 22. 선고 2001다6213 참조).

I-2

A. 임대권한 없는 자에 의한 임대차의 효력

임대인이 임대차 목적물에 대한 소유권 기타 이를 임대할 권한이 없다고 하더라도 임대차계약은 유효하게 성립하고, 그 임대차관계가 종료되면 임대차계약의 당사자로서 위 계약 종료로 인한 목적물반환청구권을 행사할 수 있으며(대판 1996. 9. 6. 선고 94다54641)[5] 임대차종료시까지 연체 차임의 지급을 청구할 수 있다.

또한 진정한 소유자의 부당이득금의 청구 등에 의하여 임대차가

---

5) 이와 관련하여 많은 수험서에서는 위 94다54641 판결을 들어서, 임차인이 진실한 소유자로부터 목적물의 반환청구나 임료 내지 그 해당액의 지급을 요구받는 시점에서 임대인이 임차인으로 하여금 임대목적물을 사용·수익케 하는 채무는 이행불능이 되고, 그러한 이행불능을 이유로 (해지의 의사표시 없이) 당연히 임대차가 종료된다는 식의 구성을 하고 있다. 그러나 위와 같은 논리에 동의하기 어렵다는 것이 필자의 개인적인 견해이다. 위 94다54641 판결의 판시를 문리적으로만 해석한다면 그와 같이 볼 여지는 있으나, 정작 해당사안은 이러한 이행불능으로 임차가 종료되었다고 보기 어렵다는 이유로 임차인의 차임연체를 이유로 한 해지를 인정한 사안이었다. 한편 대법원 1996. 3. 8. 선고 95다15087 판결은, "임대인이 임대차 목적물의 소유권을 제3자에게 양도하고 그 소유권을 취득한 제3자가 임차인에게 그 임대차 목적물의 인도를 요구하여 이를 인도하였다면 임대인이 임차인에게 임대차 목적물을 사용·수익케 할 의무는 이행불능이 되었다고 할 것이고, 이러한 이행불능이 일시적이라고 볼 만한 특별한 사정이 없다면 임대차는 당사자의 해지 의사표시를 기다릴 필요 없이 당연히 종료되었다고 볼 것이지, 임대인의 채무가 손해배상 채무로 변환된 상태로 채권·채무관계가 존속한다고 볼 수 없다."고 하였는바, 이는 단순히 진정한 소유자로부터 반환청구 등만을 받은 상태가 아니라 나아가 인도청구에 응하여 인도까지 마친 경우라는 점에서 위 94다54541 판결의 판시내용과는 사안을 달리 한다. 그러나 2012년 법전협 모의고사 3회 사례형 제1문의 1도 위 수험서들과 같은 견지에서 채점기준이 나와있으므로, 교재에서도 일단 이에 따라 답안을 구성하였다.

종료되는 등의 특별한 사정이 없다면, 임차인으로서는 임대인에게
임대차종료 이후 명도완료일까지도 그 부동산의 점유, 사용에 따른
차임 상당의 부당이득금을 반환할 의무가 있다(위 94다54641).[6]

따라서 甲이 X건물을 임대해 줄 권한이 없다고 하더라도 원칙적
으로 丙은 甲에 대하여 X건물을 인도하고, 임대차 종료시까지의 연
체차임과 임대차종료 이후 명도완료일까지의 X건물의 점유, 사용에
따른 차임 상당의 부당이득금의 반환의무를 진다.

B. 진정한 소유자 乙에 의한 소제기와 甲에 대한 연체차임 및 부당이득반환 범위

임차인이 진실한 소유자로부터 목적물의 반환청구나 부당이득
금의 지급요구를 받는 등의 이유로 임대인이 임차인으로 하여금 목
적물을 사용·수익하게 할 수가 없게 되었다면 임대인의 채무는 이
행불능이 되고 임차인은 이행불능으로 인한 임대차의 종료를 이유
로 그 때 이후의 임대인의 차임지급청구를 거절할 수 있다(위 94다
54641).

이 사건에서는 X건물의 진정한 소유자 乙이 2018. 10. 말 丙에
게 X건물의 인도와 X건물의 사용, 수익으로 인한 부당이득반환을

---

6) 위의 경우 진정한 소유자는 간접점유자인 임대인에 대하여 뿐 아니라 직접점유자인
    임차인에 대해서도 목적물 인도 및 부당이득반환청구권을 행사할 수 있다. 이는 임대
    인과 임차인 사이의 임대차계약이 유효하게 존속하는지 여부와는 무관하다.

청구하였으므로 丙은 乙의 소 제기 시점 이후인 2018. 11. 1. 부터의 차임 및 위 임대차종료 후 부당이득금의 지급을 거절할 수 있다.

또한 사안에서 임차인 丙이 임대인 甲에게 위 임대차계약기간의 종료를 이유로 임차보증금을 반환하라고 청구하였으나, 甲은 그 이행제공은 하지 않은 채 임대차계약의 종료를 이유로 건물명도 및 부당이득금의 반환을 구하였다. 이때 임차인 丙의 점유는 임차보증금반환청구권을 확보하기 위한 동시이행항변권의 행사에 따른 것으로 해석된다. 이러한 상황에서는 임차인이 본래의 용도대로 사용·수익하지 않는 이상, 그로 인하여 실질적으로 이익을 얻고 있다고 할 수 없으므로 임차인이 임차목적물을 계속 점유하고 있다고 하여 부당이득반환채무가 발생하는 것이 아니다(대판 1994. 9. 30. 94다20389, 20396).

C. 결론

어느 모로 보나 甲의 연체차임 및 부당이득반환청구는 이유 없다.

[표준판례]

607. 급부부당이득과 침해부당이득의 증명책임

대법원 2018. 1. 24. 선고 2017다37324 판결

: 급부부당이득의 경우, 법률상 원인이 없다는 점에 대한 증명책임의 소재(=부당이득반환을 주장하는 자) 및 이때 주장·증명하여야 할 사항 / 침해부당이득의 경우, 이익을 보유할 정당한 권원이 있다는 점에 관한 증명책임의 소재(=부당이득반환 청구의 상대방)

609. 부당이득반환채권과 소멸시효

대법원 2012. 5. 10. 선고 2012다4633 판결

: 임대인 갑 주식회사와 임차인 을 주식회사 사이에 체결된 건물임대차계약이 종료되었는데도 을 회사가 임차건물을 무단으로 점유·사용하자 갑 회사가 을 회사를 상대로 부당이득반환을 구한 사안에서, 을 회사의 갑 회사에 대한 부당이득반환채권은 특별한 사정이 없는 한 10년의 민사 소멸시효가 적용된다고 한 사례

612. 토지 공유자의 부당이득반환청구권

대법원 1979. 1. 30. 선고 78다2088 판결

: 토지공유자는 특별한 사정이 없는 한 그 지분에 대응하는 비율의 범위 내에서만 그 차임상당의 부당이득금반환의 청구권을 행사할 수 있다.

613. 경매절차에서 소유권을 상실한 소유자의 부당이득반환청구권

대법원 2003. 7. 25. 선고 2002다39616 판결

: 채무자 이외의 자의 소유에 속하는 동산을 경매한 경우, 그 동산의 매득금을 배당받은 채권자가 동산의 전 소유자에 대하여 부당이득반환의무를 부담하는지 여부(적극)

614. 무권리자의 처분행위로 권리를 상실한 권리자의 부당이득반환청구권

대법원 2011. 6. 10. 선고 2010다40239 판결

: 무권리자가 타인의 권리를 제3자에게 처분하였으나 선의의 제3자 보호규정에 의하여 원래 권리자가 권리를 상실하는 경우, 권리자는 무권리자를 상대로 제3자에게서 처분의 대가로 수령한 것을 이른바 침해부당이득으로 보아 반환청구할 수 있다.

618. 직접점유자와 간접점유자의 부당이득반환의무의 관계

대법원 2012. 9. 27. 선고 2011다76747 판결

: 어떤 물건에 대하여 직접점유자와 간접점유자가 있는 경우, 그에 대한 점유·사용으로 인한 부당이득의 반환의무는 동일한 경제적 목적을 가진 채무로서 서로 중첩되는 부분에 관하여는 일방의 채무가 변제 등으로 소멸하면 타방의 채무도 소멸하는 이른바 부진정연대채무의 관계에 있다.

625. 부당이득반환에서 악의 수익자의 반환범위

대법원 2003. 11. 14. 선고 2001다61869 판결

: 타인 소유물을 권원 없이 점유함으로써 얻은 사용이익을 반환하는 경

우, 민법 제748조 제2항과 제201조 제2항의 반환범위의 관계

627. 제197조 제2항에서의 '본권의 소'의 범위
대법원 2002. 11. 22. 선고 2001다6213 판결
: 민법 제197조 제2항 소정의 ´본권에 관한 소´에 소유권 침해를 이유로
한 부당이득반환청구소송이 포함되는지 여부(적극)

628. 선의의 수익자가 '패소한 때'의 의미
대법원 2016. 7. 29. 선고 2016다220044 판결

: 점유자 또는 수익자가 종국판결에 의하여 패소 확정되는 것을 뜻하지
만, 이는 악의의 점유자 또는 수익자로 보는 효과가 그때 발생한다는 것
뿐이고 점유자 등의 패소판결이 확정되기 전에는 이를 전제로 하는 청구
를 하지 못한다는 의미가 아니다.

637. 장래의 부당이득금의 계속적·반복적 지급을 명하는 판결의 주문에
사용하는 '원고의 소유권 상실일까지'라는 기재의 부당성
대법원 2019. 2. 14. 선고 2015다244432 판결
: 사실심의 재판 실무에서 장래의 부당이득금의 계속적·반복적 지급을
명하는 판결의 주문에 광범위하게 사용되고 있는 '원고의 소유권 상실일
까지'라는 표시가 이행판결의 주문 표시로서 바람직한지 여부(소극)
① '원고의 소유권 상실일까지'라는 기재는 집행문 부여기관, 집행문 부
여 명령권자, 집행기관의 조사·판단에 맡길 수 없고, 수소법원이 판단해

야 할 사항인 소유권 변동 여부를 수소법원이 아닌 다른 기관의 판단에 맡기는 형태의 주문이다.

② '원고의 소유권 상실일까지'라는 기재는 확정된 이행판결의 집행력에 영향을 미칠 수 없는 무의미한 기재이다.

③ '원고의 소유권 상실일'은 장래의 부당이득반환의무의 '임의 이행' 여부와는 직접적인 관련이 없으므로, 이를 기재하지 않더라도 장래의 이행을 명하는 판결에 관한 법리에 어긋나지 않는다.

639. 부당이득반환의무의 지체책임

대법원 2008. 2. 1. 선고 2007다8914 판결

: 타인의 토지를 점유함으로 인한 부당이득반환채무는 이행의 기한이 없는 채무로서 이행청구를 받은 때로부터 지체책임이 있다.

제9문

부당이득(3)[1] – 비용부당이득[2]

I.   甲은 2017. 11. 1. 그 소유의 상가 건물에 관하여 음식점을 운영하고자 하는 丙과 임차보증금 1억 원, 기간을 1년으로 하는 임대차계약을 체결하고 같은 날 위 건물을 인도하였다. 인도를 받은 직후, 丙은 보일러 교체를 위한 유익비로 1,500만 원을 지출하였다. 한편, 丙이 위 음식점 영업과 관련하여 사업자등록을 신청한 사실은 없다.

甲은 2018. 10. 2. 乙에게 위 건물을 매각하고 같은 날 소유권이전등기를 해 주었는데, 당시 丙의 임차권과 丙이 지출한 비용의 처리 문제는 논의되지 않았다.

---

1)   변시 2015년 제4회 제1문의4; 사법시험 2010년 제52회 민법 제3문; 법전협 2019-3 제2문의1 문제 2; 법전협 2019-2 제2문의 2;

2)   비용부당이득이란, 타인의 채무를 변제하거나 타인 소유의 물건에 비용을 지출하였으나 비용지출자가 사무관리의 요건을 충족하지 못한 경우에 성립하는 유형으로, 사무관리법의 보충규범으로 기능한다.

丙은 甲과의 임대차계약이 기간만료로 종료된 후 乙을 상대로 위 1,500만 원 상당의 유익비상환 또는 부당이득반환을 구하는 소를 제기하였다. 이에 대한 법원의 판단 및 그 논리를 설명하라.

A. 문제의 소재

임대차계약의 당사자가 아닌 건물의 매수인에 대한 청구인바, 1) 임차건물의 양수인 乙이 임대인 甲의 지위를 승계하여 丙이 乙을 상대로 임대차계약상의 유익비상환청구권(제626조 제2항)을 행사할 수 있는지 2) 제203조 제2항에 의한 유익비상환청구권의 행사는 가능한지 3) 만일 위의 각 유익비상환청구권을 행사할 수 없는 경우에 제741조에 의한 부당이득반환을 청구할 수 있는지가 문제된다.

B. 제626조에 의한 유익비상환청구권의 인정 여부

임차인이 유익비를 지출한 경우에는 임대인은 임대차종료시에 그 가액의 증가가 현존한 때에 한하여 임차인의 지출한 금액이나 그 증가액을 상환하여야 한다(제626조 제2항). 위 규정은 강행규정이 아니므로 당사자의 특약으로 이를 포기할 수 있지만 사안에서는 이러한 포기약정이 없다.

문제는 임대차존속 중 丙이 유익비를 지출한 후에 매매에 의하여 목적물의 소유자가 甲에서 乙로 바뀌었는바, 乙이 임대인 甲의 지위를 승계하여 丙이 乙을 상대로 위 상환청구권을 행사할 수 있는 지 여부이다. 임차인 丙이 상가건물임대차보호법 제3조 제1항이 정한 대항요건을 구비하여 대항력이 있는 경우에는 같은 조 제2항이 적용되지만, 사안에서는 丙이 위 음식점 영업과 관련하여 사업자등 록을 신청한 사실이 없어 대항력을 갖추지 못하였다. 또한 유익비와 관련된 지위승계 등의 특약도 없었다.

따라서 丙은 乙을 상대로 제626조에 기한 유익비상환을 청구할 수 없다.

C. 제203조 제2항에 의한 유익비상환청구권의 인정 여부

제203조 제2항에 의한 점유자의 회복자에 대한 유익비상환청 구권은 점유자가 계약관계 등 적법하게 점유할 권리를 가지지 않아 소유자의 소유물반환청구에 응하여야 할 의무가 있는 경우에 성립 되는 것으로서, 이 경우 점유자는 그 비용을 지출할 당시의 소유자 가 누구이었는지 관계없이 점유회복 당시의 소유자 즉 회복자에 대 하여 비용상환청구권을 행사할 수 있는 것이다. 그런데 점유자가 유 익비를 지출할 당시 계약관계 등 적법한 점유의 권원을 가진 경우에 그 지출비용의 상환에 관하여는 그 계약관계를 규율하는 법조항이 나 법리 등이 적용되는 것이어서, 점유자는 그 계약관계 등의 상대방 에 대하여 해당 법조항이나 법리에 따른 비용상환청구권을 행사할 수 있을 뿐 계약관계 등의 상대방이 아닌 점유회복 당시의 소유자에

대하여 민법 제203조 제2항에 따른 지출비용의 상환을 구할 수는 없다(대법원 2003. 7. 25. 선고 2001다64752 판결).

사안에서는 丙이 유익비를 지출할 당시 甲과 적법한 임대차관계가 존속하고 있었으므로, 丙은 乙을 상대로 위 제203조 제2항에 의한 유익비상환청구권을 행사할 수 없다.

D. 제741조에 의한 부당이득반환청구

임차인 丙의 乙에 대한 유익비상환청구가 인정되지 않는 이 사안에서 부당이득반환청구권을 행사할 수 있는지가 문제된다.

부당이득반환청구가 인정되기 위해서는 제741조에 따라, i) 타인의 재산 또는 노무로부터 이익을 얻었을 것, ii) 그러한 이득으로 인하여 타인에게 손해를 주었을 것, iii)위 i)과 ii) 사이에 인과관계가 있을 것 iv) 법률상 원인이 없을 것의 요건을 충족하여야 한다.

사안에서 丙의 비용지출로 乙이 이익을 얻게 되었고, 乙이 이러한 이익을 보유할 법률상 원인이 없는 것으로 보일 수 있다. 그런데 전용물소권을 부정하는 판례의 태도에 의하면, 계약과 관련한 비용의 지출로 제3자가 이익을 보게 되었다고 하더라도 계약당사자는 이익의 귀속 주체인 제3자에 대하여 직접 부당이득반환을 청구할 수는 없다고 할 것이다. 사안에서 丙의 비용지출은 甲과의 계약관계에 기한 것이므로 丙은 甲에 대하여 계약관계에 기한 유익비상환을 청구하여야 하고, 계약관계가 없는 乙에 대하여 부당이득반환을 구할 수는 없다.[3)]

E. 결론

丙은 乙에 대하여 제626조 제2항, 제203조 제2항에 의한 각 유익비상환청구권이나 제741조에 의한 부당이득반환청구권을 모두 행사할 수 없다.

관련문제 유치권, 상계항변

(위 I.의 사실관계 하에서)

乙은 丙의 청구에 대하여 반소로서, 건물의 인도 및 소제기일 이후부터 인도완료시까지 월 임료 상당의 부당이득반환[4]을 구하는 소를 제기하였다. 이에 대하여 丙은 자신이 지출한 비용 1,500만 원을 지급받기까지는 위 인도청구에 응할 수 없다고 주장함과 동시에 위 부당이득반환청구에 대하여는 위 유익비상환청구권을 자동채권으로 하는 상계를 주장한다. 乙의 각 청구 및 丙의 각 항변의 당부를 논하라.

---

3) 사안과 유사한 법전협 2019-3 제2문의 1 문제2의 채점기준은 대법원 2002. 8. 23. 선고 99다66564, 66571 판결의 판시를 그대로 인용하고 있다. 그러나 위 판결은 공유자 중 1인과 체결한 공사도급계약에 기하여 수급인이 주된 급부인 공사를 한 후 계약당사자가 아닌 나머지 공유자에 대하여 제203조에 기한 비용상환 및 부당이득반환을 청구한 사안으로서, 이를 임차인의 유익비지출과 관련된 이 사안에 직접 인용하는 것에 대해서는 다소 의문이다.

4) 丙에게 선의점유자의 과실수취권이 인정되어 소제기 이전까지의 부당이득은 성립하지 않는다.

A. 문제의 소재

乙은 이 사건 건물의 소유자로서 이를 점유하고 있는 丙을 상대로, 소유권에 기한 반환청구(제213조)로서 인도를 구하고, 점유로 인하여 丙이 얻은 임료상당의 부당이득반환을 청구할 수 있다.

우선, 위 건물의 인도 청구 부분과 관련하여서는, 丙이 甲에 대하여 제626조에 의한 1,500만 원의 유익비상환청구권이 있는바 丙에게 민법 제213조 단서상의 점유할 권리인 유치권이 인정되어 청구 기각 판결을 하여야하는지가 문제된다.[5]

다음으로, 부당이득반환청구 부분과 관련하여서는 1,500만 원의 유익비상환청구권을 자동채권으로 乙이 丙에게 가지는 부당이득반환청구권과 상계할 수 있는지 여부가 문제된다.[6]

---

5) 일단 임대인 甲과 임차인 乙 간의 유익비상환청구권에 기하여 해당 목적물에 대한 유치권이 성립하는 한, 유치권은 물권으로서 제3자에 대하여도 이를 주장할 수 있다. 위 임대차계약의 제3자로서 이 사건 건물의 소유자인 乙에 대하여, 丙의 비용상환청구권이나 부당이득반환청구권이 성립하지 않더라도 유치권의 성부에는 지장이 없다. 따라서 앞서 I. 에서 본 乙에 대한 유익비상환청구권이나 부당이득반환청구권에 대한 검토는 생략한다.

6) 유치권(민법 제320조)에 기한 점유는 선의점유자의 과실수취권이 문제될 필요 없이 '법률상 원인'에 기한 점유는 아닌지? 하는 의문이 생길 수 있다. 그러나 유치권은 타인의 물건 등에 관하여 생긴 채권(대표적으로 물건으로 인한 손해배상청구권, 비용상환청구권)이 변제기에 있는 경우에 변제를 받을 때까지 그 물건 등을 유치할 권리가 있을 뿐, 그 물건의 점유·사용할 권리는 아니다. 대법원도 1963. 7.11. 선고 63다235 판결로 "유익비 상환청구권에 의한 유치권을 행사하여 가옥을 사용 수익한 경우에는 임료상당의 금원을 부당이득한 것으로 본다."고 판시한 바 있다.

B. 丙의 유치권 항변의 당부

유치권은 피담보채권이 변제기에 있을 것, 타인의 물건을 점유하고 있을 것, 피담보채권과 물건 간에 견련관계가 있을 것 등을 요건으로 한다. 사안에서는 丙이 현재 위 건물을 점유하고 있고, 甲과 乙 간의 임대차가 종료하여 위 임대차계약에 기한 유익비상환청구권의 변제기가 도래하였으며, 위 견련성도 인정되므로, 유치권이 성립한다.

따라서 丙의 유치권 항변은 이유 있고, 乙의 인도청구는 청구 기각되어야 한다.

C. 丙의 상계항변의 당부

丙의 상계항변은 유익비상환청구권이 乙에 대한 자동채권임을 전제로 하는 것이다. 민법에서 유익비상환청구권에 대한 규정은 제203조 및 제626조 등에 규정되어 있다. 앞서 본 제626조에 기한 상환청구권은 임대인 甲에 대한 것일 뿐, 임대인의 지위를 승계하지 않은 乙에 대하여는 인정되지 않는다.[7]

그러나 위 유익비상환청구권이 제203조에 기한 것이라면, 회복자인 乙에 대하여 자동채권을 가지고 있으므로 상계의 문제가 발생할

---

7)　앞서 I. 에서 본 바와 같다.

수 있다.[8] 그런데 점유자가 유익비를 지출할 당시 계약관계 등 적법한 점유의 권원을 가진 경우에 그 지출비용의 상환에 관하여는 그 계약관계를 규율하는 법조항이나 법리 등이 적용되는 것이어서, 점유자는 그 계약관계 등의 상대방에 대하여 해당 법조항이나 법리에 따른 비용상환청구권을 행사할 수 있을 뿐 계약관계 등의 상대방이 아닌 점유회복 당시의 소유자에 대하여 민법 제203조 제2항에 따른 지출비용의 상환을 구할 수는 없다(대판 2003. 7. 25. 2001다64752). 따라서 丙은 乙에 대하여 제203조에 기한 유익비상환청구권을 행사할 수 없다.

결국 丙은 제626조에 따른 비용상환청구권을 임대인인 甲에게 행사할 수 있음은 별론으로 하고, 乙에게는 아무런 채권도 가지고 있지 않아, 상계의 주장은 이유 없다.

D. 결론

乙의 인도청구에 대한 丙의 유치권 항변은 이유 있어 이를 기각한다.

乙의 부당이득반환청구는 전부 인용된다. 이에 관한 丙의 상계 항변은 이유 없다.

---

8) 민법 제203조의 상환청구권과 제626조의 상환청구권은 그 상대방을 달리하는 외에도 제203조 1항 단서가 "과실을 수취한 경우에는 통상의 필요비상환청구권은 행사하지 못한다."고 규정하여 위와 같은 규정을 두지 않은 제626조에 기한 상환청구권과는 차이가 있다. 전자의 경우, 만일 점유자가 사용수익을 하였다면 통상의 필요비상환청구권을 행사할 수 없다. 그러나 제203조에 의하더라도 임시 또는 특별필요비(가령 태풍으로 인한 대수선에 따른 비용)는 과실을 수취한 경우에도 상환청구권이 인정된다.

[표준판례]

619. 제3자에 대한 부당이득반환청구

대법원 2002. 8. 23. 선고 99다66564, 66571 판결

: 유효한 도급계약에 기하여 수급인이 도급인으로부터 제3자 소유 물건의 점유를 이전받아 이를 수리한 결과 그 물건의 가치가 증가한 경우, 도급인 이외에 수급인도 민법 제203조에 의한 비용상환청구권을 행사할 수 있는 비용지출자에 해당하는지 여부(소극)

제10문

부당이득(4)[1] –
횡령금원 등에 의한 변제, 기타

I.   A법인의 자금을 관리하는 업무를 하는 B는 A법인을 대리하여 C로부터 수령한 2억 원을 보관하던 중 이를 횡령하여 자신의 처인 E에게 퇴직금 중간정산금이라고 하면서 위 금원의 보관을 위하여 E의 예금계좌로 1억 원을 송금하였다. 송금 받은 당일 E는 B의 지시에 따라 다시 B의 예금계좌로 1억 원을 송금하였다. 또한 B는 위와 같이 횡령한 돈 중 나머지 1억 원으로 사채업자 D에 대한 자신의 채무를 변제하였다.

이를 뒤늦게 안 A법인은 사채업자 D와 B의 처 E를 상대로 각 1억 원의 부당이득반환을 청구하는 소를 제기하였다. 위 각 청구의 타당성을 검토하라.

---

[1]   변시 2018년 제7회 제1문의 2 문1, 문2; 법전협 2017-1 제2문의 1 문제3; 변시 2018년 7회 제1문의 2 문1 등.

1. 부당이득반환청구의 요건

부당이득반환청구권은 i) 법률상 원인 없이 ii) 타인의 재산 또는 노무로 인하여 이익을 얻고 iii) 이로 인하여 타인에게 손해를 가한 자한 경우에 발생한다(제741조).

2. E에 대한 부당이득반환청구의 가부

부당이득에 있어서 이익은 실질적 이득을 말하는 것으로서, E가 위 1억 원을 이득하였다고 하려면 위 돈을 영득할 의사로 송금 받았다거나 B로부터 이를 증여받는 등으로 위 돈에 관한 처분권을 취득하여 실질적인 이득자가 되었다고 볼 만한 사정이 인정되어야 할 것이다(대판 2003. 6. 13. 2003다8862). 그러나 E가 B로부터 위 돈을 송금 받았다가 송금 받은 그 날 B의 지시에 따라 송금된 돈의 대부분을 곧바로 B에게 송금한 경위에 비추어 볼 때, E가 위 돈을 자신의 구좌로 송금받았다고 하여 실질적으로 이익의 귀속자가 되었다고 보기는 어렵다.

E에 대한 부당이득반환청구는 이유 없다.

3. D에 대한 부당이득반환청구의 가부

가. 문제의 소재

B가 A법인을 위한 대리행위의 이행의 수령으로 형식적으로는 A
법인을 위하여 지급받은 금원을 횡령하여 자신의 채무변제를 위하
여 사채업자 D에게 변제한 경우, 피해자인 A법인은 직접 D에게 부
당이득반환청구를 할 수 있는가가 문제이다.

나. 타당성 여부

판례에 의하면, 채무자가 피해자로부터 횡령한 금전을 그대로
채권자에 대한 채무변제에 사용하는 경우, 피해자의 손실과 채권자
의 이득 사이에 인과관계가 있고, 채권자가 그 변제를 수령함에 있어
악의 또는 중대한 과실이 있는 경우에는 채권자의 금전 취득은 피해
자에 대한 관계에 있어서 법률상 원인을 결여한 것으로서 부당이득
반환청구가 가능하다(대판 2003. 6. 13. 2003다8862).

이에 대하여 변제 수령자의 주관적 사정에 따라 법률상 원인이
없어지는 것은 아니라는 비판이 있다. 그러나 부당이득 제도가 이득
자의 재산상 이득이 법률상 원인을 결여하는 경우에 공평, 정의의 이
념에 근거하여 이득자에게 그 반환의무를 부담시키는 것이라는 점
을 고려한다면, 판례의 태도를 수긍할 수 있다.

다. 결론

위 판례 취지에 따라, B가 C로부터 수령한 금원을 횡령하여 그대로 사채업자 D에 대한 채무에 변제를 하였다는 점을 위 D가 알았다는 사실을 입증하면, B가 채무변제조로 지급한 금원에 대하여 피해자인 A법인이 직접 D에 대하여 부당이득의 반환을 청구할 수 있다.

[표준판례]

610. 횡령금으로 변제 또는 증여한 경우, 채권자의 부당이득 성립여부

대법원 2012. 1. 12. 선고 2011다74246 판결

: 횡령한 금전을 자신의 채권자에 대한 채무변제에 사용하거나 제3자에게 증여한 경우, 채권자나 수증자가 횡령행위의 피해자에 대한 관계에서 부당이득을 얻은 것인지 여부(원칙적 소극)

611. 편취금으로 변제한 경우, 채권자의 부당이득 성립여부

대법원 2008. 3. 13. 선고 2006다53733,53740 판결

: 편취한 금전을 자신의 채권자에 대한 채무변제에 직접 사용하거나 그 채권자의 다른 채권자에 대한 채무를 대신 변제하는 데 사용한 경우, 위 채권자가 편취행위의 피해자에 대한 관계에서 부당이득을 얻은 것인지 여부(원칙적 소극)

615. 저당권자의 물상대위권 상실과 부당이득반환청구권

대법원 2009. 5. 14. 선고 2008다17656 판결

: 저당권의 목적이 된 물건의 멸실, 훼손 또는 공용징수로 인하여 저당권자가 물상대위권을 행사할 수 있었으나 저당권자가 압류하기 전에 저당물의 소유자가 금전 등을 수령함으로써 물상대위권을 행사할 수 없게 된 경우, 저당목적물 소유자가 얻은 위와 같은 이익은 저당권자의 손실로 인한 것으로서 인과관계가 있을 뿐 아니라, 공평의 관념에 위배되는 재산적 가치의 이동이 있는 경우 수익자로부터 그 이득을 되돌려받아 손실

자와 재산상태의 조정을 꾀하는 부당이득제도의 목적에 비추어 보면 위와 같은 이익을 소유권자에게 종국적으로 귀속시키는 것은 저당권자에 대한 관계에서 공평의 관념에 위배되어 법률상 원인이 없다고 봄이 상당하므로, 저당목적물 소유자는 저당권자에게 이를 부당이득으로 반환할 의무가 있다.

제11문

불법행위 일반[1] – 소멸시효 등

I. 甲은 2020. 3. 5. 고의의 폭행으로 乙에게 상해를 가하였다. 乙은 일실수입 3,500만 원, 치료비 등 적극적 손해 500만 원을 입었으나 乙로서도 甲의 폭행을 야기한 잘못이 있어서 위 재산적 손해에 대하여 10%의 과실상계 요인이 있다. 한편 법원은 위 사안에서 사안의 경위나 乙의 잘못 등을 모두 참작하여 위자료를 900만 원으로 정하였다.

   1. 乙은 甲을 상대로 甲의 불법행위를 원인으로 한 손해배상청구를 하였다. 甲이 乙에게 배상하여야 할 손해합계 및 이에 대한 지연손해금의 기산일은 언제인가?

---

1) 법전협 2012-3 제2문.

2. 위의 경우에 만일 乙이 자신에게 발생한 재산적 손해 중 일단 3,000만 원의 지급을 청구하는 일부청구소송을 제기하였다면, 甲이 乙에게 지급하여야 할 손해배상액으로 법원이 인정할 금액과 그와 같은 판단의 근거를 답하라.

I-1

사안에서 乙의 총 재산적 손해 4,000만 원에서 10% 과실상계한 3,600만 원(제763조, 제396조), 여기에 위자료 900만 원을 더한 총 4,500만 원을 배상하여야 한다.

불법행위로 인한 손해배상채권은 불법행위시에 발생하고 그 이행기가 도래하므로 그 지연손해금의 기산일은 불법행위 성립일이다(대판 2010. 7. 22. 2010다18829 등). 따라서 지연손해금의 기산일은 2020. 3. 5. 이다.

I-2

한 개의 손해배상청구권중 일부가 소송상 청구되어 있는 경우에 과실상계의 방법에 대해서는 1) 청구부분에 한하여 과실상계비율을 정한다는 안분설과, 2) 심리결과 인정되는 전 손해액에 대하여 과실비율에 의한 감액을 하고 그 잔액이 청구액을 초과하지 않을 경우에는 그 잔액을 인용하고 잔액이 청구액을 초과할 경우에는 청구의 전액을 인용한다는 외측설의 대립이 있다. 판례는 외측설에 의하는 것이 일부청구를 하는 당사자의 통상적 의사에 부합한다는 입장을 취한다(대판 1976. 6. 22. 75다819 등).

판례에 따르면, 사안에서 재산적 손해 4,500만 원에 10% 과실상계를 한 3,600만 원이 청구액 3,000만 원을 상회하므로 위 3,000만 원의 청구 전부가 인용된다.

Ⅱ. 乙은 甲으로부터 X 토지를 매수하여 소유권을 취득한 후, 丙에게 대금 1억 원에 매도하고 2005. 6. 3. 인도 및 소유권이전등기를 마쳤다. 丙은 2015. 3. 3. 비로소 건물신축공사를 위한 부지조사를 하는 과정에서 매립된 산업폐기물을 발견하고, 같은 해 4. 3. 그 처리비용으로 2천만 원을 지출하였다. 丙이 위 처리비용을 지출한 후 알아본 결과, 甲이 X 토지를 소유하고 있었던 2004. 8. 3. 관련 법률을 위배하여 불법으로 산업폐기물을 매립하였고, 乙은 위와 같은 사실을 과실 없이 알지 못하고 위와 같이 오염된 X 토지를 丙에게 매매한 것임이 밝혀졌다.

1. 丙은 甲을 상대로 어떤 근거에 기하여 손해배상청구를 할 수 있는가? 필요한 이론을 구성하고 해당 법조문을 적시하라(소멸시효 및 제척기간의 논점은 제외).

2. 丙이 甲을 상대로 2017. 5. 3. 손해배상청구소송을 제
기하였다면, 그 청구권의 소멸시효가 완성되거나 소의 제척기
간이 경과하였는지(가능한 한 기산점을 명시할 것)를 설명하라.

II-1

甲에 대하여는 제750조에 기하여 불법행위책임을 이유로 손해
배상청구를 할 수 있다.

토지 소유자가 토지에 폐기물을 불법으로 매립하였음에도 처리
하지 않은 상태에서 토지를 거래에 제공하는 등으로 유통되게 한 경
우, 거래 상대방 및 토지를 전전 취득한 현재의 토지 소유자에 대한
위법행위로서 불법행위가 성립하기 때문이다(대판 2016. 5. 19. 2009다
66549 전합).[2]

---

2) 매도인에 대하여 하자담보책임(제580조)으로서 손해배상을 청구할 경우에 매수인이
하자를 안 날로부터 6개월 내에 행사하여야 하는바(제582조), 위 제척기간을 경과한
경우에는 불법매립을 한 자를 상대로 불법행위책임을 물을 수밖에 없다. 한편, 하자담
보책임을 구성하는 손해배상청구의 소는 제척기간의 적용을 받지만 이로 인하여 채
권 소멸시효 규정의 적용이 배제된다고 볼 수 없으므로(대판 2011. 10. 13. 2011다
10266), 제척기간을 준수하였다고 하더라도 일반채권의 소멸시효기간을 경과한 경
우에는 청구가 기각된다는 점을 주의하여야 한다. 하자담보책임에 대해서는 [제1문]
참조.

II-2

丙의 청구는 불법행위에 기한 손해배상청구로서 제척기간의 적용을 받지 않고 그 청구권이 소멸시효의 대상이 된다. 불법행위에 의한 손해배상채권의 경우에, 손해 및 가해자를 안 날로부터 3년 내, 불법행위를 한 날로부터 10년 내에 제기하여야 한다(제766조). 위 단기·장기 소멸시효 중 어느 하나라도 기간이 만료되면 소멸시효 완성의 효과가 발생한다.

위 단기소멸시효의 기산점이 되는 '손해 및 가해자를 안 날'은 현실적으로 안 날을 의미하는바(대판 1989. 9. 26. 89다카6584), 사안에서는 2015. 3. 3. 에 손해를, 그리고 가해자는 그 이후의 시점에 비로소 알게 되어 위 소제기일까지 3년이 경과하지 않았다.

또한 甲이 매립행위를 한 날은 2004. 8. 3. 로서 그때로부터 기산하면 2017. 5. 3. 당시 10년이 경과하였지만, 장기소멸시효의 기산점인 '불법행위를 한 날'은 가해행위가 있었던 날이 아니라 현실적으로 손해의 결과가 발생된 날을 의미하는데, 사안에서 피해자인 현재 토지소유자 丙의 비용 지출이라는 손해가 현실화된 것은 丙이 이 사건 부지를 매입하여 부지조사 결과 폐기물을 발견하고 처리비용을 지출한 시점인 2015. 4. 3. 이다. 이로부터 기산하면 이 사건 소제기일 현재 10년이 경과하지 않았다.

따라서 손해 및 가해자를 안 날로부터 3년이 경과하지 않았을 뿐 아니라 위 불법행위일인 2015. 3. 3. 로부터 10년이 경과하지 않았으므로 소멸시효가 완성하지 않았다.

Ⅲ. 甲은 2014. 1. 3. 乙 법인(대표 A)의 이사로서 乙 소유 X 건물의 매매권한을 위임받았음을 자처하는 B로부터 위 X 건물을 대금 7억 원에 매수하면서, 계약금 1억 원은 계약 당일 지급하고, 중도금 3억 원은 2014. 3. 15. 乙의 거래은행 계좌로 송금하는 방법으로 지급하며, 잔금 3억 원은 2014. 3. 31. 乙로부터 X 건물에 관한 소유권이전등기 소요서류를 교부받음과 동시에 지급하기로 약정하고, 같은 날 乙에게 계약금 1억 원을 지급하였다.

그런데 추후 밝혀진 바에 의하면 B는 위 계약체결당시 乙 법인이 고용한 X 건물의 관리소장일 뿐, 乙 법인의 이사가 아닐 뿐 아니라 위 매매계약을 체결할 아무런 권한이 없고, 甲이 지급한 계약금 1억 원은 B가 개인적으로 착복한 것이었다.

A는 2016. 8. 경 관리소장 B의 위와 같은 불법적인 행위를 알게 되었다. 그러나 A는 이와 같은 불법적인 사실이 모두 드러날 경우, 대표자인 자신의 책임문제로 비화될 것으로 염려하여 乙 법인에 끼친 손해에 대하여 B가 변상조치하고 B로부터 사표를 받는 것으로 조용히 무마하고자 하였다. 그런데 A는 B로부터 乙 법인에 끼친 손실에 대한 변상으로 1억 원을 수수하였으나 이를 乙 법인에 입금하는 대신 개인적인 용도로 소비하여 버렸다.

그런데 2020. 7. 경 乙 법인의 특별감사에서 B의 위법행위로 인한 乙 법인의 손실과 대표자 A의 비위사실이 드러나자 A는 대표직에서 해임되었고 새로운 대표자 C가 선임되었다. C는

2021. 9. 경 乙 법인을 대표하여 감사결과를 근거로 A를 상대로 불법행위로 인한 손해배상청구를 하였고 이에 대하여 A는 소멸시효 완성의 항변을 하였다. 위 항변의 근거조문을 적시하고 그 타당성을 검토하라.

1. 결론

근거조문 민법 제766조 제1항. A의 소멸시효항변은 이유 없다.

2. 논거

민법 제766조 제1항은 피해자가 불법행위로 인한 손해 및 가해자를 안 날로부터 3년의 기간 내에 청구권을 행사하지 않으면 시효로 인하여 소멸한다는 단기소멸시효에 대한 사항을 규정하고 있다.

손해 및 가해자를 안 날과 관련하여 법인의 경우 통상 대표자가 이를 안 날을 뜻하지만, 법인의 대표자가 가해자에 가담하여 법인에 대하여 공동불법행위가 성립하는 경우에는, 법인과 그 대표자는 이익이 상반되므로 현실로 그로 인한 손해배상청구권을 행사하리라고 기대하기 어려울 뿐만 아니라 일반적으로 그 대표권도 부인된다고 할 것이므로(제64조), 단지 그 대표자가 손해 및 가해자를 아는 것만으로는 부족하고, 적어도 법인의 이익을 정당하게 보전할 권한을 가진 다른 임원 또는 사원이나 직원 등이 손해배상청구권을 행사할 수 있을 정도로 이를 안 때에 비로소 위 단기시효가 진행한다(대판 1998. 11. 10. 98다34126).

　사안에서는 대표자 A가 자신이 B로부터 乙 법인의 피해에 대한 변상으로 수령한 금원을 개인용도로 소비한 시점(2016. 8.경)을 단기 소멸시효의 기산점으로 주장할 수 없고, 그 후 乙 법인의 감사과정에서 비위사실이 밝혀지고 乙 법인의 정당한 이익을 보전할 권한을 가진 새 대표이사 C가 선임된 2020. 7.경이 단기소멸시효의 기산점이 된다. 따라서 甲법인의 손해배상 청구시점인 2021. 9.경에는 아직 소멸시효가 완성되지 않았다. A의 항변은 이유 없다.

[표준판례]

641. 불법행위에 있어서 행위

대법원 1999. 6. 11. 선고 98다22963 판결

: 소유권이전등기청구권이 가압류된 경우, 제3채무자는 채무자 또는 그를 대위한 자로부터 제기된 소유권이전등기 청구소송에 응소하여 가압류된 사실을 주장·입증할 의무를 지는지 여부(적극) 및 제3채무자가 고의 또는 과실로 응소하지 아니하여 의제자백 판결이 선고·확정됨으로써 채권자가 손해를 입었다면 제3채무자는 불법행위로 인한 손해배상책임을 지는지 여부(적극)

642. 불법행위의 성립요건(1) : 고의와 위법성의 인식

대법원 2002. 7. 12. 선고 2001다46440 판결

: 불법행위에 있어서 고의의 요건으로 위법성의 인식이 포함되는지 여부(소극)

643. 불법행위의 성립요건(2) : 과실

대법원 2001. 1. 19. 선고 2000다12532 판결

: 불법행위의 성립요건으로서의 과실은 이른바 추상적 과실만이 문제되는 것이고 이러한 과실은 사회평균인으로서의 주의의무를 위반한 경우를 가리키는 것이지만, 그러나 여기서의 '사회평균인'이라고 하는 것은 추상적인 일반인을 말하는 것이 아니라 그때 그때의 구체적인 사례에 있어서의 보통인을 말하는 것이다.

644. 불법행위의 성립요건(3) : 손해의 발생

대법원 1992. 6. 23. 선고 91다33070 전원합의체 판결

: 불법행위로 인한 재산상 손해는 위법한 가해행위로 인하여 발생한 재산상 불이익, 즉 그 위법행위가 없었더라면 존재하였을 재산상태와 그 위법행위가 가해진 현재의 재산상태의 차이를 말하는 것이고, 그것은 기존의 이익이 상실되는 적극적 손해의 형태와 장차 얻을 수 있을 이익을 얻지 못하는 소극적 손해의 형태로 구분된다.

645. 불법행위의 성립요건(4) : 손해의 현실성

대법원 1998. 8. 25. 선고 97다4760 판결

: 토지 매매대금에 갈음하여 매수인이 매도인에게 대물변제하기로 한 아파트에 대하여 매수인이 제3자 앞으로 소유권이전등기, 담보가등기, 저당권설정등기 등을 경료하였다는 사실만으로 매도인이 매수인의 불법행위로 인하여 그 약정된 아파트 매매대금 또는 피담보채무 상당의 손해를 입은 것으로 단정할 수 있는지 여부(소극)

646. 불법행위의 성립요건(5) : 위법행위

대법원 2012. 1. 12. 선고 2010다79947 판결

: 면허·허가 등 법령상 절차를 위반한 사업 등과 관련된 물건의 소지와 판매 등을 금지하고 있는 경우, 그러한 사정만으로 물건의 멸실 또는 훼손으로 인한 손해의 배상을 구할 수 없는 것으로 볼 것인지 여부(소극)

651. 불법행위의 성립요건(10) : 인과관계(5)

대법원 1997. 8. 29. 선고 96다46903 판결

: 교통사고와 그로 인한 상해의 치료 도중 발생한 의료사고가 공동불법

행위로 되기 위한 요건

653. 불법행위의 성립요건(12) : 근저당권의 침해

대법원 1997. 11. 25. 선고 97다35771 판결

: 불법행위로 인해 근저당권이 소멸된 경우, 근저당권자가 입은 손해의

범위

657. 손해배상의 범위 : 제한배상주의

대법원 2004. 2. 27. 선고 2002다39456 판결

: 불법행위 등으로 인하여 건물이 훼손된 경우, 수리가 가능하다면 그 수

리비가 통상의 손해이며, 훼손 당시 그 건물이 이미 내용연수가 다 된 낡

은 건물이어서 원상으로 회복시키는 데 소요되는 수리비가 건물의 교환

가치를 초과하는 경우에는 형평의 원칙상 그 손해액은 그 건물의 교환가

치 범위 내로 제한되어야 할 것이고, 또한 수리로 인하여 훼손 전보다 건

물의 교환가치가 증가하는 경우에는 그 수리비에서 교환가치 증가분을

공제한 금액이 그 손해이다.

658. 손해배상의 범위 : 통상손해와 특별손해(1)

대법원 2001. 11. 13. 선고 2001다26774 판결

: 부당한 처분금지가처분의 집행으로 인하여 분양목적으로 신축한 연립

주택의 처분이 지연된 경우, 그로 인한 손해의 발생 여부(한정 소극)

659. 손해배상의 범위 : 통상손해와 특별손해(2)

대법원 1989. 12. 26. 선고 88다카6761 전원합의체판결

: 장차 증가될 임금수익을 기준으로 산정된 일실이익 상당의 손해가 통상 손해인지 여부(적극)

660. 손해배상액의 산정(1) : 과실상계

대법원 1992. 11. 13. 선고 92다14687 판결

: 과실상계에 관한 사실인정이나 비율을 정하는 것이 사실심의 전권사항에 속하는지 여부(한정적극)

662. 손해배상의 방법 : 정기금 지급과 요건

대법원 1995. 6. 9. 선고 94다30515 판결

: 정기금에 의한 지급을 명할 것인지 여부에 대한 법원의 재량

663. 손해배상청구권의 단기소멸시효

대법원 1998. 11. 10. 선고 98다34126 판결

: 법인의 대표자가 가해자에 가담하여 법인에 대한 공동불법행위가 성립하는 경우, 그로 인한 손해배상청구권의 단기 소멸시효의 기산점

664. 부당이득반환청구권과 불법행위로 인한 손해배상청구권

대법원 2013. 9. 13. 선고 2013다45457 판결

: 부당이득반환청구권과 불법행위로 인한 손해배상청구권 중 어느 하나에 관한 소를 제기하여 승소 확정판결을 받았으나 채권의 만족을 얻지

못한 경우, 나머지 청구권에 관한 이행의 소를 제기할 수 있는지 여부(적
극) 및 손해배상청구의 소를 먼저 제기하여 과실상계 등으로 승소액이 제
한된 경우, 제한된 금액에 대한 부당이득반환청구권 행사의 허용 여부

제12문

사용자 책임[1], 도급인 책임

I.   [기초사실] 乙은 A 회사(대표자 甲)의 경리직원으로서 B 저축은행과의 입출금업무에 관해 1일 거래한도 1,000만 원 이하의 입출금 업무를 처리할 수 있는 권한이 있다. 乙은 위 입출금 업무를 수행하는 과정에서 소지하게 된 甲의 인감도장, 위임장 및 인감증명서(본인발급, 용도 미기재)를 이용하여 금원을 대출받아 이를 자신의 유흥비로 사용할 것을 마음먹은 다음, 2015. 4. 1. 甲 소유의 X부동산을 담보로 제공하고 A 회사 명의로 B로부터 5천만 원을 대출받았다. B는 乙이 X 부동산의 등기권리증을 소지하지 않은 점이 다소 마음에 걸리기는 하였지만, 평소에 A 회사의 입출금업무를 수행하여 왔고, 과거에 A회사를 대리한 소액대출의 대출금이 별 탈 없이 변제되었다는 이유로 위 대출

---

1)   사법시험 2014년 제56회 제1문의 2; 법전협 2017-3 제1문의 1 문제3; 법전협 2016-1 제1문 문제1;법전협 2015-2 제1문의 2 문1; 법전협 2013-2 제1-1문 문2.

을 실행하였다.

그런데 B가 변제기에 이르러 甲에게 위 대출금채무의 이행을 최고하였는데, 甲은 위 계약의 효력을 부정하면서 그 이행을 거부하고 담보로 제공된 X 부동산에 대한 근저당권설정등기를 말소하라고 요구하자, B는 A 회사를 상대로 위 대출금의 상환을 구하는 소송을 제기하였다.

I-1. B는 A 회사를 상대로 대출채무의 이행을 구하는 1심 소송에서 대리, 표현대리, 대리권남용 등 가능한 모든 법률적 주장을 하였음에도 불구하고 승소를 확신할 수 없게 되었다면, 위 1심 소송진행 중에 A 회사에 대하여 어떤 청구를 추가할 수 있으며, 그에 대하여 법원은 어떤 판단을 내릴 것인가?

1. 논점

B 저축은행이 A 회사에 대하여 계약책임을 물을 수 없을 경우에, A 회사를 상대로 불법행위책임을 물을 수 있는지를 검토해야 할 것이다. 그런데 乙이 A 회사의 피용자이므로 B 저축은행이 A 회사를 상대로 피용자 乙의 행위에 대하여 사용자로서 민법 제756조에 기한 책임을 물을 수 있는지가 문제된다.

2. 사용자책임

민법 제756조의 사용자책임이 성립하려면 '1) 사용관계가 존재할 것 2)피용자가 그 사무집행에 관하여 제3자에게 손해를 가하였을 것 3)피용자의 가해행위가 불법행위의 일반적 성립요건을 갖추었을 것'의 요건을 충족하여야 한다.

위 사안에서 1)의 요건은 설문상 충족하였고, 3)의 요건은 乙의 고의, 과실에 의한 위법행위로 B에게 손해를 가한 경우로서 충족하였으므로 2)에 대하여 살펴보기로 한다. 위 요건은 피용자의 불법행위가 외형상 객관적으로 사용자의 사업활동 내지 사무집행행위 또는 그와 관련된 것이라고 보여질 때에 행위자의 주관적 사정을 고려함이 없이 이를 사무집행에 관하여 한 행위로 본다는 것이고, 여기에서 외형상 객관적으로 사용자의 사무집행에 관련된 것인지 여부는 피용자의 본래 직무와 불법행위와의 관련 정도 및 사용자에게 손해발생에 대한 위험창출과 방지조치 결여의 책임이 어느 정도 있는지를 고려하여 판단하여야 한다(대판 2008. 2. 1. 2006다33418). 그리고 피용자의 행위가 사무집행관련성 없는 것임을 상대방이 알았거나 또는 중대한 과실로 알지 못하면 사용자책임은 부정된다(대판 1996. 12. 10. 95다17595 등).

위 사안에서 乙은 A 회사의 입출금업무를 수행해 왔는바, 위 대출업무는 비록 적법하게 위임받은 업무는 아니지만 외형상 사용자의 사무집행행위와 관련된 것으로 보여지고, 乙의 행위가 사무집행 관련성 없는 것임을 상대방인 B 저축은행이 알았거나 또는 중대한 과실로 알지 못하였다고 볼 증거도 없으므로, 위 요건을 충족한다고 할 것이다. 다만, B 저축은행의 과실은 손해배상액 산정에 있어서 참작될 것이다.

I-2. 위 1심 소송진행 중에 B 저축은행은 A 회사 및 乙을 상대로 불법행위를 이유로 하는 손해배상소송을 추가하였다.

위 소송의 심리과정에서 법원은 A 회사의 과실상계의 주장을 받아들여, A 회사에 대하여는 4,000만 원, 乙에 대하여는 5,000만 원의 배상을 명하였다.

가. 위와 같이 배상금액이 달라지게 된 논리는 무엇인가?

나. 위 소송의 진행 중 乙이 손해배상의 일부로서 1,000만 원을 배상하였다. 위 판결 후 B 저축은행에 대한 집행에 착수하였다. A 회사가 얼마를 배상하여야 A 회사 및 乙의 채무가 소멸하는가?

가. 고의의 불법행위에 기한 손해배상에 있어서 과실상계 의 제한

일반적으로 사용자책임은 대위책임이므로 피용자의 손해배상책임과 그 배상범위가 같지만, 예외적으로 달라질 수 있다.

그 중의 하나로서, 피용자의 고의에 의한 불법행위로 인하여 사용자책임을 부담하는 경우인데, 피해자에게 그 손해의 발생과 확대에 기여한 과실이 있다면 사용자책임의 범위를 정함에 있어서 이러한 피해자의 과실을 고려하여 그 책임을 제한할 수 있다(대판 2002. 12. 26. 2000다56952 등).[2] 그리고 이로 인하여 피해자에게 사용자가 배상할 손해액과 피용자가 배상할 손해액이 달라질 수 있다.

나. 부진정연대채무에 있어서 다액채무자가 한 일부변제의 효과

사용자책임에 있어서 피해자에 대한 사용자와 피용자의 손해배상채무는 부진정연대의 관계에 있다.

그런데 금액이 다른 채무가 서로 부진정연대 관계에 있을 때 다액채무자가 일부 변제를 하는 경우 변제로 인하여 먼저 소멸하는 부분은 당사자의 의사와 채무 전액의 지급을 확실히 확보하려는 부진정연대채무 제도의 취지에 비추어 볼 때 다액채무자가 단독으로 채

---

2) 피해자의 부주의를 이용하여 고의로 불법행위를 저지른 자가 바로 그 피해자의 부주의를 이유로 자신의 책임을 감하여 달라고 주장하는 것이 허용되지 아니하는 것은, 그와 같은 고의적 불법행위가 영득행위에 해당하는 경우 과실상계와 같은 책임의 제한을 인정하게 되면 가해자로 하여금 불법행위로 인한 이익을 최종적으로 보유하게 하여 공평의 이념이나 신의칙에 반하는 결과를 가져오기 때문이다. 그러나 고의에 의한 불법행위의 경우에도 위와 같은 결과가 초래되지 않는 경우에는 과실상계나 공평의 원칙에 기한 책임의 제한은 얼마든지 가능하다(대판 2007. 10. 25. 2006다16758,16765 등).

무를 부담하는 부분으로 보아야 한다(대판 2018. 3. 22. 2012다74236 전합).

사안에서와 같이 피해자 B의 과실을 참작하여 과실상계를 한 결과 사용자 A 회사의 손해배상액이 B에게 직접 손해를 가한 乙의 손해배상액과 달라졌는데 다액채무자인 乙이 손해배상액의 일부를 변제한 경우에, 위 일부변제액은 乙이 단독으로 채무를 부담하는 1,000만 원의 변제에 먼저 충당된다(외측설).

따라서 A 회사는 B에게 4,000만 원을 변제하여야 A 회사의 손해배상책임이 소멸한다.

관련문제 소송법상 청구의 변경

I-3.   (위 1. 및 2. 와는 달리) 만일 B 저축은행이 A 회사를 상대로 하는 대출채무의 이행을 구하는 소송의 1심에서 패소판결을 받았다면, 항소심에서 乙을 상대로 어떤 청구를 추가할 수 있으며, 그에 대하여 법원은 어떤 판단을 내릴 것인가?

1. 문제의 소재

사안에서 乙을 상대로 무권대리인의 책임을 묻는 소송을 제기하는 것을 생각할 수 있다. 그런데 이미 1심 판결이 선고된 터이므로 항소심에서 이러한 소송을 추가할 수 있는지가 문제된다.

2. 乙을 상대로 하는 소송 – 예비적·선택적 공동소송

A 회사에게 乙의 행위로 인한 계약책임을 귀속시킬 수 없다면, B로서는 乙을 상대로 무권대리인의 책임을 묻는 이행청구 또는 손해배상청구의 소송을 제기할 수 있다(민법 제135조).

乙이 A 회사의 대리 또는 표현대리인임을 전제로 A 회사에게 계약책임을 묻는 청구와 乙에 대하여 무권대리인의 책임을 묻는 청구는, 공동소송인 가운데 일부에 대한 청구가 다른 공동소송인에 대한 청구와 법률상 양립할 수 없는 경우(민사소송법 제70조 제1항 본문 후단)에 해당하는 예비적·선택적 공동소송의 관계에 있다. 그런데 민사소송법 제70조는 동법 제68조를 준용하고 있으며, 위 제68조 제1항은 공동소송인의 추가가 가능한 시기를 제1심 변론종결시로 제한하고 있으므로, 항소심에서 피고의 추가에 의한 예비적·선택적 병합은 허용될 수 없다. 참고로 위 1.에서 본 A 회사를 상대로 사용자책임을 묻는 손해배상청구는 청구의 추가적 변경에 해당하는데, 이에 대하여 규정하고 있는 민사소송법 제262조에 의하면 사실심 변론종결시까지 가능하다. 따라서 乙에 대한 청구와는 달리 항소심 단계에서도 추가가 가능하다.

3. 결론

乙을 상대로 무권대리인의 책임을 묻는 이행청구 또는 손해배상청구는 1심 변론종결시까지만 제기할 수 있으므로 법원은 乙에 대한 소를 각하할 것이다.

II. 乙은 甲 건설회사에서 근무하는 직원이다. 그런데 甲 건설
회사가 2019. 3. 부터 X 토지에 대한 공사를 시행하는 과정에
서 그 토지 인근에 거주하고 있는 丙으로부터 소음과 분진을
이유로 자주 항의를 받았다. 위 공사가 진행되던 2019. 5. 乙은
위 공사현장에 와서 거칠게 항의하던 丙에게 주먹을 휘둘러 전
치 3주의 부상을 입혔다.
　丙이 甲에게 손해배상을 구할 수 있는 근거를 설명하라.

　甲 건설회사는 乙의 사용자로서, 피용자인 乙이 그 사무집행에
관하여 제3자에게 가한 손해를 배상할 책임이 있다(제756조).
　그런데 사안에서와 같이 불법행위가 폭행으로 인한 상해와 같이
사실적 불법행위에서는 사무집행관련성이 외형상 객관적으로 사용
자의 사업활동 내지 사무집행행위 또는 그와 관련된 것이라고 보여
질 때에 행위자의 주관적 사정을 고려함이 없이 이를 사무집행에 관
하여 한 행위로 본다는 외형이론이 아니라 손해의 공평한 분담이라
는 관점에서 판단되어야 한다. 즉, 그 행위가 피용자의 사무집행 그
자체는 아니더라도 사용자의 사업과 시간적·장소적으로 근접하고
피용자의 사무의 전부 또는 일부를 수행하는 과정에서 이루어지거
나 가해행위의 동기가 업무처리와 관련된 것이라면 객관적으로 사

용자의 사무집행행위와 관련된 것이라고 보아 사용자책임이 성립하고, 이 경우 사용자가 위험발생 및 방지조치를 결여하였는지 여부도 부가적으로 고려할 수 있다(대판 2000. 2. 11. 99다47297).

Ⅲ. 甲은 주택재개발조합으로서, X 토지상에 아파트를 건축하기 위하여 자기 명의로 건축허가를 받은 후 2014. 4. 2. 건설회사인 乙 회사에게 건축공사를 도급주었다. 위 도급계약서에 의하면, 乙은 위 재개발사업의 공동시행자로서 건축시설의 시공에 참여하고, 위 재개발사업을 수주하면서 甲과 그 조합원들의 필요비용을 모두 제공하였으며 나아가 공사비를 자신의 비용으로 충당하는 등 아파트 건물의 신축을 甲과 함께 주도적으로 진행하였다.

한편 X 토지의 북쪽 방향으로 붙어 있던 Y 토지에는 2011. 3. 5. 단층 주택이 건립되어 그 무렵부터 그 토지 및 주택 소유자인 丙이 살고 있었다. 그런데 위 아파트건물이 완공될 2014. 12. 무렵 丙 소유 주택의 연속 일조시간은 1.5시간, 총 일조시간은 3.5시간으로 급격하게 줄어들어, 실무상 일조침해의 인정기준이 되는 "동지일을 기준으로 연속일조시간 2시간 이상, 총 일조시간 4시간 이상"을 확보하지 못하는 정도에 이르게 되었다. 丙은 누구를 상대로 일조침해를 이유로 한 손해배상을 청구할 수 있는가?

　　독립적인 지위에서 일의 완성의무를 지는 수급인은 도급인의 피용자가 아니고, 도급인은 수급인이 그 일에 관하여 제삼자에게 가한 손해를 배상할 책임이 없다(제757조 본문). 또한 건물 건축공사의 수급인은 도급계약에 기한 의무이행으로서 건물을 건축하는 것이므로 원칙적으로 일조방해에 대하여 손해배상책임이 없다.

　　그러나 수급인이 스스로 또는 도급인과 서로 의사를 같이하여 타인이 향수하는 일조를 방해하려는 목적으로 건물을 건축한 경우, 당해 건물이 건축법규에 위반되었고 그로 인하여 타인이 향수하는 일조를 방해하게 된다는 것을 알거나 알 수 있었는데도 과실로 이를 모른 채 건물을 건축한 경우, 도급인과 사실상 공동 사업주체로서 이해관계를 같이하면서 건물을 건축한 경우 등 특별한 사정이 있는 때에는 수급인도 일조방해에 대하여 손해배상책임을 진다(대판 2005. 3. 24. 2004다38792).

　　사안에서 피고 회사는 가해건물 신축에 있어서 사실상 공동사업주체로서 피고 조합과 이해관계를 같이 하면서 이를 신축하는 공동사업주체의 지위에 있다고 볼 수 있다. 그렇다면 丙으로서는 甲과 乙을 공동피고로 하여 일조침해를 이유로 한 손해배상을 청구할 수 있다.

[표준판례]

648. 불법행위의 성립요건(7) : 인과관계(2)

대법원 1994. 2. 8. 선고 93다13605 판결

: 미성년자가 책임능력이 있어 그 스스로 불법행위책임을 지는 경우에도 그 손해가 당해 미성년자의 감독의무자의 의무위반과 상당인과관계가 있으면 감독의무자는 일반불법행위자로서 손해배상책임이 있고 이 경우에 그러한 감독의무위반사실 및 손해발생과의 상당인과관계의 존재는 이를 주장하는 자가 입증하여야 한다.

649. 불법행위의 성립요건(8) : 인과관계(3)

대법원 1998. 6. 9. 선고 97다49404 판결

: 경제적인 면에서 전적으로 부모에게 의존하며 부모의 보호·감독을 받고 있고 이미 두 차례에 걸친 범죄로 집행유예기간 중에 있는 전문대학 1학년생인 아들이 폭력행위로 타인에게 손해를 가한 경우, 부모의 불법행위책임을 인정한 사례

650. 불법행위의 성립요건(9) : 인과관계(4)

대법원 2003. 3. 28. 선고 2003다5061 판결

: 재수생으로서 학원에 다니며 수학능력평가시험을 준비하던 책임능력 있는 미성년자가 타인을 폭행한 사안에서 감독의무자인 부에게 당해 미성년자에 대한 감독의무를 게을리 한 과실을 인정할 수 없다고 한 사례

668. 사용자책임(1)

대법원 2009. 6. 11. 선고 2008다79500 판결

: 피용자가 권한 없이 사용자를 대리하여 한 법률행위가 상대방에 대한 관계에서 기망에 의한 불법행위에 해당하여 사용자가 손해배상책임을 지는 경우, 사용자가 피용자의 무권대리행위를 추인하였다고 하여 이미 성립한 사용자책임이 소멸하는지 여부(소극)

669. 사용자책임(2) : 사용관계의 개념

대법원 2003. 12. 26. 선고 2003다49542 판결

: 민법 제756조의 사용자와 피용자의 관계의 의미 및 피용자의 행위가 외형상 객관적으로 사용자의 사무집행에 관련된 것인지 여부를 판단하는 기준

670. 사용자책임(3) : 사용자책임의 요건

대법원 1998. 4. 28. 선고 96다25500 판결

: 위임인과 수임인 사이에 지휘·감독관계가 있고 수임인의 불법행위가 외형상 객관적으로 위임인의 사무집행에 관련된 경우 위임인은 수임인의 불법행위에 대하여 사용자책임을 진다.

671. 사용자책임(4) : 사무집행과 외형이론의 한계

대법원 2005. 12. 23. 선고 2003다30159 판결

: 피용자의 행위가 사용자나 그에 갈음한 사무감독자의 사무집행행위에 해당하지 않음을 피해자 자신이 알았거나 중과실로 알지 못한 경우, 사

용자책임의 인정 여부(소극)

672. 사용자책임(5) : 노무도급에 있어서 사용자책임

대법원 2005. 11. 10. 선고 2004다37676 판결

: 노무도급의 경우, 도급인이 수급인이나 수급인의 피용자의 불법행위에 대하여 사용자책임을 지는지 여부(적극)

673. 국가배상책임 : 공무원 개인의 책임

대법원 1996. 2. 15. 선고 95다38677 전원합의체 판결

: 공무원이 직무수행 중 불법행위로 타인에게 손해를 입힌 경우, 공무원 개인의 손해배상책임 유무(=제한적 긍정설)

제13문

공작물책임[1]

A는 자신의 아들 B(만 12세)를 C 학교법인이 운영하는 사립초
등학교에 보내고 있었다. 어느 날 B가 학교에서 체육수업을 받
다가 교사 D의 주의, 감독이 소홀한 틈을 타서 위 초등학교와
담 하나를 사이에 두고 인접한 E 학교법인이 운영하는 사립중
학교 내 운동장에 들어가 E 학교법인 소유 축구골대 뒤쪽에서
축구골대를 향하여 뛰어가면서 점프를 하여 축구골대의 전면
상단 가로대 부분을 손으로 잡다가 그 충격으로 앞으로 넘어지
는 축구골대와 함께 지면으로 떨어지면서 축구골대의 전면 가
로대 부분이 B의 머리를 충격하여 B가 사망하였다. 위 축구골
대는 지면에 고착시키는 아무런 장치가 없었고 만12세 정도의
어린이가 손으로만 밀어도 골대가 흔들려 넘어질 우려가 있는

---

1) 사법시험 2007년 제49회 제2문의 1; 법전협 2019-2 제2문의 3 문제2, 문제3.

불안정한 상태였는데 위 사고 당시 위 축구골대에는 아무런 고착장치가 설치되어 있지 아니하였다.

A는 B의 유일한 상속인으로서 불법행위에 기한 손해배상을 청구하는 소송을 제기하고자 한다.

1. 법원에 의하여 책임이 인정될 모든 자를 피고로 하되, 책임을 지울 만한 법적 근거를 서술하라.

2. A가 위 피고들에 대하여 위자료청구권을 행사한다고 할 때, 그 법적 근거를 설명하라.

I-1

가. D의 일반불법행위책임

교사는 학교의 교육활동 중에 있거나 그것과 밀접불가분의 관계에 있는 생활관계에 있는 학생들에 대하여 친권자 등 법정감독의무자에 대신하여 보호·감독할 의무가 인정되며, 이러한 의무를 소홀히 하여 학생이 사고를 당한 경우에 그 사고가 통상 발생할 수 있다고 예상할 수 있다면 교사의 책임이 인정된다(대판 2008. 1. 17. 2007다40437).

사안에서 D는 B의 체육교사로서 수업시간 중에 B를 보호·감독할 의무가 있고, B의 사고는 이러한 의무를 게을리 하여 발생한 것으로서 이러한 D의 과실과 B의 사망사고 사이에는 상당인과관계가 있다. 따라서 D는 B에게 발생한 손해에 대하여 제750조에 기하여 일반불법행위자로서 책임을 진다.

나. C의 사용자책임

위 체육교사 D는 C 학교법인의 피용자로서 B에게 발생한 사망사고에 대하여 앞서 본 일반 불법행위의 요건을 갖추었고, C가 D의 선임 및 그 사무감독에 상당한 주의를 하였다거나 또는 상당한 주의를 하여도 손해가 있었다고 볼 만한 사정이 없다. 따라서 C는 제756조가 정한 사용자책임이 있다.

다. E의 공작물 소유자 책임

공작물의 설치 또는 보존의 하자로 인하여 타인에게 손해를 가한 때에는 공작물점유자가 손해를 배상할 책임이 있다(제758조 제1항). 여기에서 공작물의 설치 또는 보존의 하자란, 공작물이 그 용도에 따라 통상 갖추어야 할 안전성을 결여한 것을 말하는데 여기에서 본래 갖추어야 할 안전성이라 함은 그 공작물 자체만의 용도에 한정된 안전성만이 아니라 그 공작물이 현실적으로 설치되어 사용되고 있는 상황에서 요구되는 안전성을 뜻하는 것이다(대판 1992. 10. 27. 92다21050).

사안에서 B가 축구를 하다가 위 축구골대가 넘어져서 사고를 당

한 것은 아니지만, 운동장에 설치되어 있는 축구골대에 학생 등이 손
으로 잡는 등의 행위를 하는 것은 충분히 예견 가능한 용도에 따른
사용으로 볼 수 있는바, 위 축구골대를 지면에 고착시키는 아무런 장
치가 없어 만12세 정도의 어린이가 손으로만 밀어도 흔들려 넘어질
우려가 있는 불안정한 상태였다면, 이는 그 용도에 따라 통상 갖추어
야 할 안전성을 결여한 것으로 볼 수 있다.

　　따라서 E 소유의 축구골대는 '공작물의 하자' 요건을 갖추었고,
그로 인하여 B의 사망이라는 손해가 발생하였으므로, E는 B에 대하
여 공작물책임을 진다.

I-2

가. B의 상속인으로서의 권리

　　A는 B의 유일한 상속인으로서 피상속인의 재산에 관한 권리의
무를 포괄적으로 승계하는바(제1005조), 정신적 고통에 대한 피해자
의 위자료청구권도 재산상의 손해배상청구권과 구별하여 취급할 근
거 없는 바이므로 그 위자료청구권이 일신전속권이라 할 수 없고 피
해자의 사망으로 인하여 상속된다(대판 1969. 4. 15. 69다268).

　　따라서 A는 B의 정신적 손해에 대한 배상청구권인 위자료청구
권을 상속받아 이를 E에게 행사할 수 있다.

나. A 고유의 권리

타인의 생명을 해한 자는 피해자의 직계존속, 직계비속 및 배우자에 대하여는 재산상의 손해없는 경우에도 손해배상의 책임이 있다(제752조). 제752조에서 열거하고 있는 친족의 경우에는 자신의 정신적 고통에 대하여 입증할 필요 없이 고유의 권리로서 위자료청구권을 가지며(대판 1978. 1. 17. 77다1942), 이는 위 상속받은 피해자의 위자료청구권과는 별개이다.

따라서 A는 B의 직계존속으로서 고유의 권리로서 정신적 손해에 대한 배상청구권인 위자료청구권을 E에게 행사할 수 있다.

[표준판례]

655. 손해배상청구권자 : 위자료청구권(1)

대법원 1967. 9. 5. 선고 67다1307 판결

: 민법 제752조에 규정된 친족 이외의 친족의 위자료 청구권

656. 손해배상청구권자 : 위자료청구권(2)

대법원 1993. 4. 27. 선고 93다4663 판결

: 부가 교통사고로 상해를 입을 당시 태아이다가 출생한 자에게 부의 부상에 대한 위자료청구권이 있는지 여부(적극)

665. 감독자책임(1) : 공교육기관의 감독의무

대법원 1997. 6. 27. 선고 97다15258 판결

: 초등학생들 사이에서 일어난 교내 사고에 대한 교장 또는 교사의 보호·감독의무위반으로 인한 손해배상책임의 범위 및 그 판단기준

666. 감독자책임(2) : 사교육기관의 감독의무

대법원 2008. 1. 17. 선고 2007다40437 판결

: 사교육을 담당하는 학원의 설립·운영자나 교습자에게도 공교육을 담당하는 교사 등과 마찬가지로 당해 학원 수강생을 보호·감독할 의무가 있는지 여부(적극)

667. 감독자책임(3) : 교장이나 교사의 보호감독의무

대법원 2007. 11. 15. 선고 2005다16034 판결

: 집단따돌림으로 인하여 피해 학생이 자살한 경우, 자살의 결과에 대하여 교장이나 교사에게 보호감독의무 위반 책임을 묻기 위한 요건 및 그 판단 기준

674. 공작물책임(1) : 시공자의 불법행위책임과 공작물책임과의 관계

대법원 1996. 11. 22. 선고 96다39219 판결

: 시공상의 잘못으로 발생한 공작물의 하자로 인하여 타인에게 손해를 가한 경우, 민법 제758조가 공작물 시공자의 피해자에 대한 민법 제750조에 의한 손해배상책임을 배제하는 규정인지 여부(소극)

675. 공작물책임(2) : 임차인이 피해자인 경우, 소유자의 책임

대법원 1993. 2. 9. 선고 92다31668 판결

: 가옥의 임차인인 직접점유자나 그와 같은 지위에 있는 것으로 볼 수 있는 자가 공작물의 설치 또는 보존의 하자로 인하여 피해를 입은 경우 소유자가 민법 제758조 제1항 소정의 손해배상책임을 부담할 것인지 여부(적극)

제14문

공동불법행위[1]

I. [기초사실][2] 소규모 무역업을 영위하는 A회사는 B저축은
행을 주거래 은행으로 거래하고 있다. A회사의 대표이사 甲은
A회사의 직원 乙에게 B저축은행과의 입출금업무에 관해 1일
거래한도 1,000만 원 이하의 입출금 업무처리 위임장을 작성·
교부하여 주었다. 乙은 B저축은행에 위 위임장을 제시하고 업
무를 계속 처리하였는데, 乙과 B저축은행은 거래가 지속되면
서 위 위임장을 별도로 제시하거나 확인하지 않고 업무를 처리
해 오고 있었다.

乙과 내연관계에 있는 C회사의 경리직원인 丙은 주식투자
에 실패하여 5억여 원의 빚을 지게 되어 수차에 걸쳐 C회사가

---

1) 변시 2017년 제6회 제2문의 3 문제1, 문제2; 법전협 2017-3 제1문의 1 문제3; 법
    전협 2016-1 제1문 문제1; 법전협 2015-2 제1문의 2 문1, 문2; 법전협 2013-2 제
    1-1문 문1, 문2, 문3.
2) 사법시험 2014년 56회 제1문.

D회사에 지급하여야 하는 결제금을 유용하여 오다가, 결국 이러한 사실이 발각될 상황에 처하게 되었다. 이에 丙은 乙에게 자신의 사정을 고백하면서 도와 달라고 하였고, 이에 乙은 B저축은행의 A회사 계좌에서 수개월 동안 1일 400~500만 원씩을 수차례 인출하여 합계 5,000만 원에 달하는 금액을 丙에게 주었다. 乙은 B저축은행에 갑이 작성하여 준 위임장을 제시하고 업무를 계속 처리하였으나, 거래가 지속되면서 B저축은행은 위 위임장을 별도로 요구하거나 확인하지 않고 업무를 처리하는 적이 있었는데 위 인출금 역시 甲의 위임장 없이 지급된 것이었다. 한편 丙은 월 250만 원 정도의 급여를 받는 乙이 수차에 걸쳐 그 월급의 몇 배나 되는 금액을 매월 2~3회에 걸쳐 건네주는 것에 대하여 의아하게 생각하였으나 그에 관한 상세한 사정은 묻지 아니한 채 위 금원을 수령하였다.

I-1. A회사는 C회사에 대해, 乙의 위 무단인출로 인한 손해의 배상을 청구할 수 있는가? 결론 및 논거를 서술하라.

1. 문제의 소재

A가 C에게 손해배상을 청구하려면 C의 직원인 丙의 행위로 인하여 C가 사용자 책임을 지는 관계에 있어야 하는바, C의 사용자책

임의 성부를 특히 丙이 공동불법행위로 인하여 A에게 손해배상책임이 있는지와 관련하여 살핀다.

2. C의 사용자 책임 성부

C는 丙의 사용자일 뿐 乙과는 아무런 직접적인 법률관계가 없다. 그렇다면 C의 피용자인 丙의 금원수령행위가 乙의 배임적 행위와 관련성을 가지는 것으로 봄으로써 C에게 丙에 대한 사용자로서의 책임을 묻는 것을 상정하여야 한다.

사용자책임(제756조)이 성립하려면 ① 피용자의 불법행위 성립 ② 직무관련성 ③사용관계 ④ 면책사유 부존재의 요건을 갖추어야 한다. 그 중 ② 직무관련성은, 피용자의 행위가 외형상 객관적으로 사용자의 사업 활동 내지 사무집행행위 또는 그와 관련된 것이라고 보여질 때에는 행위자의 주관적 사정을 고려함이 없이 넓게 인정된다. 사안에서 丙이 乙로부터 금원을 지급받아 C의 채권자 D에게 결제금을 지급한 것은 외형상 C의 사업 활동의 일환으로 볼 수 있어 직무관련성이 인정된다. ③에 있어서, 丙은 C회사의 경리직원으로서 C와의 사용관계가 인정되고, ④에 있어서 C가 丙의 선임 및 직무감독에 있어서 상당한 주의의무를 다 하였다는 사정은 보이지 않는다.

마지막으로 ①에 있어서 丙이 乙의 횡령 행위에 대하여 공동불법행위자로서 불법행위 책임을 지는지 여부는 별도로 살핀다.

3. 丙 의 공동불법행위 성립 여부

가. 문제점

A의 예금을 불법적으로 인출한 자는 乙인바, 丙은 그에 직접적으로 관여된 행위를 하지는 않았고, 乙이 제공한 금원의 출처에 대해 의아하게 생각하였을 뿐 그 횡령 사실을 안 것은 아니었다. 그럼에도 불구하고 공동불법행위자로서 책임(제760조)이 있는지 공동의 의미를 살핀다.

나. 학설 및 판례의 태도

학설로서는 ① 가해자들 사이에 공모나 공동의 인식은 필요하지 않고 가해행위가 객관적으로 관련되거나 행위의공동성이 있으면 충분하다는 객관적 공동설 ② 가해자들 사이에 공모나 공동의 인식이 있어야 한다는 주관적 공동설이 대립한다.

판례는, 공동불법행위의 성립에는 공동불법행위자 상호간에 의사의 공통이나 공동의 인식이 필요하지 아니하고 객관적으로 각 그 행위에 관련공동성이 있으면 족하다고 판시하여 객관적 공동설의 입장인 것으로 판단된다(대판 1998. 9. 25. 98다9205).

다. 사안의 적용

공동불법행위책임의 가장 중요한 취지인 피해자 보호의 관점에서 볼 때 판례가 취하는 객관적 공동설에 따르면, 丙이 乙에게 자신의 사정을 설명하며 도와달라고 부탁한 후 乙이 횡령한 금원을 수령한 것으로 관련공동성이 충족된다고 할 것이므로 丙은 공동불법행위자로서 A에 대하여 손해배상책임을 진다.

4. 결론

따라서 A는 C회사에 대하여 사용자책임(제756조)을 근거로 乙의 무단인출 행위로 인한 손해의 배상을 청구할 수 있다.

관련문제 횡령금원에 의한 변제와 부당이득[3]

I-2. A는 C, D에 대하여 丙이 입금하거나 이체한 금액을 부당이득으로 반환을 청구할 수 있는가?

---

3) [제10문] 참조.

1. 문제의 소재

부당이득 반환 청구권은 ①반환의무자의 이익의 취득 ② 반환청구권자의 손해 발생 ③ 인과 관계 ④ 법률상 원인의 결여를 요건으로 한다(제741조).

사안에서 乙의 횡령으로 인하여 A는 손해를 입었고 그 금원을 취득한 C와 D는 이익을 얻었으며 금원이 동일한 이상 인과관계를 인정할 수 있다. 이하에서 C와 D가 금원을 지급받은 것이 법률상 원인이 결여되었는지 살핀다.

2. C, D에 대한 부당이득반환청구 가부 – 횡령한 돈에 의한 변제

가. 문제의 소재

C는 丙이 주식투자로 인해 진 빚 때문에 수차례 C가 D에 지급하여야 할 결제금을 유용한 것으로 인해 丙에게 손해배상청구권 또는 부당이득 반환청구권을 갖고 丙이 乙의 횡령금을 다시 C의 계좌에 입금한 것은 그에 대한 변제로 볼 수 있다. 또한 D가 그 금원을 다시 이체 받은 것은 C와의 계약관계에 의한 결제금을 지급받은 것이다. 이러한 경우에도 그 금원의 출처가 횡령금이라는 이유로 법률상 원인이 결여되었다고 볼 수 있는지가 문제된다.

나. 판례의 태도

판례는 이러한 경우 채권자가 그 변제를 수령함에 있어 악의 또는 중대한 과실이 있는 경우에는 채권자의 금전 취득은 피해자에 대한 관계에 있어서 법률상 원인을 결여한 것으로 봄이 상당하나, 단순히 과실이 있는 경우에는 그 변제는 유효하고 채권자의 금전 취득이 피해자에 대한 관계에서 법률상 원인을 결여한 것이라고 할 수 없다고 하였다(대판 2003. 6. 13. 2003다8862).

이에 대하여 변제 수령자의 주관적 사정에 따라 법률상 원인이 없어지는 것은 아니라는 비판이 있다. 그러나 부당이득 제도가 이득자의 재산상 이득이 법률상 원인을 결여하는 경우에 공평, 정의의 이념에 근거하여 이득자에게 그 반환의무를 부담시키는 것이라는 점을 고려한다면, 판례의 태도를 수긍할 수 있다.

다. 사안의 경우

중대한 과실이란 현저히 심한 부주의를 의미하는 바, 조금만 주의했더라도 알 수 있었던 사정을 미처 알지 못한 경우를 포함한다.

사안에서 C와 D가 지급 받은 금원이 횡령한 돈이라는 사정을 알았다는 사정은 보이지 않고 이들과 乙은 직접적인 관계가 없으며, 丙이 금원을 마련한 출처를 쉽게 알 수 있었을만한 사정도 보이지 않는다. 그렇다면 C, D가 각 금원을 변제받은 것이 법률상 원인이 결여되었다고 평가할 수는 없다.

3. 결론

A는 C, D에 대하여 丙이 입금하거나 이체한 금액을 부당이득으로 반환청구 할 수 없다.

Ⅱ.   (기초사실) 개인택시 운전자 甲(A 택시공제조합 가입)은 2018. 2. 1. 01:17경 손님 乙(미혼의 성년남자)을 태우고 중앙선이 설치된 서울 용산구 한남동 소재 강북강변도로의 1차로 상을 시속 100킬로미터의 과속으로 주행하던 중, 음주한 채 중앙선을 침범하여 운행하는 丙(B 보험회사 가입) 운전 차량과 충돌한 다음, 이어 전방 2차로 상에서 자기 차선을 따라 정상적으로 주행하는 丁이 운전하는 차량을 추돌하는 사고를 일으켰다. 甲과 乙은 그 자리에서 사망하고 丁은 상해를 입었다. 그 중 丁은 5,000만 원의 손해를 입게 되었으나 丁으로서도 안전벨트를 착용하지 않은 잘못이 있어 위 금액에 10% 과실상계를 한 4,500만 원 및 이에 대한 2018. 2. 1.부터의 지연손해금에 대한 배상책임을 부담하게 되었다.

1.   A가 丁에게 손해배상을 해야 하는 근거를 설명하라.

2.   A가 丁의 청구에 응하여 2020. 3. 1. 손해를 배상하였

고(단, 지연손해금은 丁이 면제해 주었다), 위 사고에 대하여 甲과 丙의 책임비율이 20:80인 것으로 판명되었다면, A가 B에 대하여 구상할 수 있는 금액은 얼마이고, A가 보험자대위에 의하여 취득한 甲의 B에 대한 구상금채권의 소멸시효는 언제부터 진행하며, 기간은 몇 년인가?

3. 만일 위 소송 계속 중 丁이 A로부터 3,000만 원의 손해배상금을 수령하면서 A와 사이에 "丁은 A 및 甲에 대하여 위 배상금 외에는 민, 형사상의 책임을 묻지 않는다'고 약정하고 소를 취하하였다면, 丁이 나머지 손해액에 대하여 B 보험회사에 자동차손해배상보장법상 직접청구권을 행사할 수 있는지 여부 및 그 이유에 대하여 답하라.

4. 한편 B는 乙의 단독상속인인 乙(과실 없음)의 父가 B를 상대로 제기한 손해배상청구소송의 확정판결에 따라 2020. 2. 1.금 1억 원(지연손해금 포함) 배상한 다음, 甲의 유족들이 B회사를 상대로 손해배상소송을 제기하자 '乙의 유족에게 배상한 1억 원 중 甲의 부담부분에 상당하는 금액에 대한 구상금채권을 자동채권'으로 한 상계항변을 하였다.

乙의 사망에 대하여 甲과 丙의 책임비율이 10:90이고, B가 甲의 유족들에게 배상하여야 할 손해액(사고시 기준)이 8,000만 원이라면, 2021. 2. 1. 위 판결이 선고된다고 할 때 법원이 B에게 판결주문으로서 지급을 명할 금액은 얼마인가?

II-1

1. 甲의 丁에 대한 자동차손해배상보장법 제3조에 따른 손해배상책임

자동차손해배상보장법(이하 '자배법'이라 한다) 제3조에 따른 손해배상책임이 발생하기 위해서는 ① 자기를 위하여 자동차를 운행하는 자가 ② 자동차의 운행으로 인하여 ③ 다른 사람을 사망하게 하거나 부상하게 하고 ④ 동법 제3조 단서의 면책사유가 없어야 한다.

이에 따라 甲이 자배법에 따른 손해배상책임이 있는지 살핀다.

첫째, '자기를 위하여 자동차를 운행하는 자'란 사회통념상 당해 자동차에 대한 운행을 지배하여 그 이익을 향수하는 책임주체로서 지위에 있다고 할 수 있는 자를 말하고, 이 경우 운행의 지배는 현실적인 지배에 한하지 아니하고 간접지배 내지는 지배가능성이 있다고 볼 수 있는 경우도 포함한다(대판 2002. 11. 26. 2002다47181). 甲은 개인택시운전자로 자동차에 대한 운행을 현실적으로 지배하고, 운행이익을 향수하고 있기 때문에 자배법 제3조의 운행자에 해당한다.

둘째, 동법 제2조 제2호는 운행을 "사람 또는 물건의 운송 여부와 관계없이 자동차를 그 용법에 따라 사용 또는 관리하는 것"이라고 정의하는바, 본 사안에서 甲은 乙의 운송을 위하여 용법에 따라 사용하였으므로 운행하고 있던 중임도 명백하다.

셋째, 丁은 甲의 운행에 있어 타인임도 당연하고, 넷째, 사안상 별다른 면책사유도 보이지 아니한다.

이에 甲은 丁에 대하여 자배법 제3조에 따른 손해배상책임을 진
다.

2. 자배법 제3조와 민법 제750조와의 관계

자배법 제4조에 따르면 동법 제3조는 민법 제750조에 대한 특
별법으로 자동차사고로 인한 손해배상에 대하여 민법에 우선하여
적용된다.

3. 甲의 丁에 대한 손해배상의 범위

甲은 자기 차선을 따라 운행하기는 하였으나 과속운전한 과실이
있고 이러한 과실은 甲이 丙과의 충돌사고 후 丁이 운전하는 차량을
추돌하여 丁에게 상해를 입게 한 원인이 되었다. 또한 甲과 丁의 추
돌사고는 선행하는 甲과 丙의 충돌사고가 없었다면 일어나지 않았
을 것이라는 점에서 丙도 丁이 입은 손해에 대한 배상책임이 있다.

공동불법행위의 성립에는 공동불법행위자 상호간에 의사의 공
통이나 공동의 인식이 필요하지 아니하고 객관적으로 그들의 각 행
위에 관련공동성이 있으면 족하고 그 관련공동성 있는 행위에 의하
여 손해가 발생하였다면 그 손해배상책임을 면할 수 없다(1998. 9.
25. 98다9205).

사안이 조금 다르기는 하나 판례는 "1, 2차 추돌사고가 시간적
으로나 장소적으로 매우 근접하여 발생한 하나의 연쇄추돌사고로서

그 사고로 인한 전체 손해 중 2차 사고로 인한 손해액을 구분하는 것이 불가능하고, 위 1, 2차 사고가 객관적으로 그 행위에 관련공동성이 있으므로, 가해자들은 공동불법행위자로서 피해자의 손해 전부에 대하여 연대배상책임을 부담"한다고 판시한 바 있다(대판 2008. 6. 26. 2008다22481).

따라서 甲은 丁이 입은 손해를 丙과 연대하여 배상하여야 하며(부진정연대채무), 이 때 과실상계는 피해자 丁의 과실을 공동불법행위자 전원에 대한 과실로 전체적으로 평가한다.

4. 丁의 A에 대한 직접청구권

자배법 제10조 및 상법 제724조 제2항에 따라 丁은 甲에게 입은 손해의 배상을 보험회사인 A에게 직접 청구할 수 있다.

II-2

A. 결론

A는 3,600만 원 및 이에 대한 지연이자를 B에게 청구할 수 있으며, 2020. 3. 1.부터 구상금 채권의 소멸시효가 기산되고 그 소멸시효 기간은 10년이다.

B. 근거

1. 甲의 丙에 대한 구상권

공동불법행위자는 채권자에 대한 관계에서는 연대책임(부진정연대채무)을 지되, 공동불법행위자들 내부관계에서는 일정한 부담 부분이 있고, 이 부담 부분은 공동불법행위자의 과실의 정도에 따라 정하여지는 것으로서 공동불법행위자 중 1인이 자기의 부담 부분 이상을 변제하여 공동의 면책을 얻게 하였을 때에는 다른 공동불법행위자에게 그 부담 부분의 비율에 따라 구상권을 행사할 수 있고, 그 공동불법행위자의 1인이 동시에 피해자이기도 한 경우에도 다른 공동불법행위자가 당해 불법행위로 인해 손해를 입은 제3자에 대해 손해배상금을 지출한 때에는 그 중 피해자인 공동불법행위자의 부담 부분에 상응하는 금원에 대해 구상금채권을 가질 수 있다(대판 2005. 7. 8. 2005다8125).

사안에서 甲과 丙의 과실비율은 20:80이므로 甲은 丁에게 배상한 4,500만 원 중 80%에 해당하는 3,600만 원에 대하여 구상금 채권을 가진다.

2. A의 B에 대한 구상금 채권

공동불법행위자의 보험자들 상호간에는 그 중 하나가 피해자에게 보험금으로 손해배상금을 지급함으로써 공동면책되었다면 그 보험자는 상법 제682조의 보험자대위의 법리에 따라 피보험자가 다른 공동불법행위자의 부담 부분에 대한 구상권을 취득하여 그의 보험자에 대하여 행사할 수 있고, 이 구상권에는 상법 제724조 제2항에 의한 피해자가 보험자에 대하여 가지는 직접청구권도 포함된다(대판 1999. 6. 11. 99다3143).

이에 A는 甲의 B에 대한 구상금 채권을 보험자대위에 의하여 취득하였으며, 결국 A는 B에게 구상금 채권을 행사할 수 있다.

3. 구상권의 소멸시효기간 및 그 기산점

구상권은 그 소멸시효에 관하여 법률에 따로 정한 바가 없으므로 일반원칙으로 돌아가 일반채권과 같이 그 소멸시효는 10년으로 완성된다고 해석함이 상당하고 그 기산점은 구상권이 발생한 시점, 즉 구상권자가 현실로 피해자에게 지급한 때이다(대판 1994. 1. 11. 93다32958).

이에 구상금 채권의 소멸시효는 10년이고, 그 기산점은 丁에게 현실로 손해배상금을 지급한 2020. 3. 1. 이다(대판 1998. 12. 22. 98다40466).[4]

---

4) 다만, A가 보험자대위가 아닌 자신의 권리로서 가지는 보험자들 상호간 직접 구상권의 소멸시효기간은 5년이다(대판 1998. 7. 10. 97다17544).

II-3

A. 결론

부진정연대채무자 중 1인에 대한 채권자의 면제의 효력은 절대적 효력이 없으므로, 丁이 나머지 손해액에 대하여 B에 대해 직접청구권을 행사할 수 있다.

B. 근거

부진정연대채무자 상호간에 있어서 채권의 목적을 달성시키는 변제와 같은 사유는 채무자 전원에 대하여 절대적 효력을 발생하지만 그 밖의 사유는 상대적 효력을 발생하는 데에 그치는 것이므로 피해자가 채무자 중의 1인에 대하여 손해배상에 관한 권리를 포기하거나 채무를 면제하는 의사표시를 하였다 하더라도 다른 채무자에 대하여 그 효력이 미친다고 볼 수는 없다 할 것이다(대판 2006. 1. 27. 2005다19378).

결국 부진정연대채무자 중 한 명인 甲에 대하여 한 면제의 효력은 다른 부진정연대채무자인 丙에 대하여 미치지 아니하고, 이에 丁은 나머지 손해액을 丙에 대한 손해배상청구권에 기하여 B에 대해 직접청구권을 행사할 수 있다.

II-4

A. 결론

B의 상계항변은 받아들여질 것이며, 법원은 B는 甲의 유족들에게 7,800만 원 및 이에 대한 2020. 2. 1.부터 2021. 2. 1.까지는 연 5%, 그 다음 날부터 완제일까지 연12%에 의한 금원을 지급하라는 내용의 판결을 할 것이다.

B. 근거

1. B의 甲의 유족들에 대한 구상금 채권과 甲의 유족들의 B에 대한 손해배상채권과의 상계가능성

민법 제496조는 "채무가 고의의 불법행위로 인한 것인 때에는 그 채무자는 상계로 채권자에게 대항하지 못한다."고 정하고 있다. 그런데 丙의 甲에 대한 불법행위는 음주한 채 중앙선을 침범하여 발생한 것으로 중과실로 평가 받을지언정 고의의 불법행위라고 볼 수 없다. 따라서 양 채권은 상계가 가능하다.

2. 상계 후 B가 甲의 유족들에게 배상하여야 할 금액

상계의 의사표시가 있는 경우, 채무는 상계적상시에 소급하여 대등액에 관하여 소멸한 것으로 보게 되므로, 상계에 의한 양 채권의 차액 계산 또는 상계 충당은 상계적상의 시점을 기준으로 하게 되고, 따라서 그 시점 이전에 수동채권의 변제기가 이미 도래하여 지체가 발생한 경우에는 상계적상 시점까지의 수동채권의 약정이자 및 지연손해금을 계산한 다음 자동채권으로써 먼저 수동채권의 약정이자 및 지연손해금을 소각하고 잔액을 가지고 원본을 소각하여야 한다(대판 2005. 7. 8. 2005다8125).

자동채권인 B의 甲의 유족들에 대한 구상금채권 1,000만 원은 丙에 대해 손해배상금을 지급한 2020. 2. 1.부터 행사가 가능하고, 반대채권인 甲의 유족들이 B에 대하여 가지는 손해배상채권의 이행기는 불법행위시인 2018. 2. 1.이므로 이행기가 늦게 도래한 2020. 2. 1.이 상계적상일이다. 위 상계적상일을 기준으로 甲의 유족들이 B에 대하여 가지고 있는 손해배상채권에는 사고시를 기준으로 한 손해금 8,000만 원에 불법행위시인 2018. 2. 1.부터 2년간의 지연손해금(800만 원)이 가산된다. 이에 상계적상시를 기준으로 양 채권을 상계할 경우 甲의 유족들의 B에 대한 7,800만 원의 채권만이 남게 된다.

[표준판례]

676. 공동불법행위 (1) : 구상권자의 청구권

대법원 2005. 10. 13. 선고 2003다24147 판결

: 구상권자인 공동불법행위자측에 과실이 없는 경우, 나머지 공동불법행위들이 부담하는 구상채무의 성질(=부진정연대채무)

677. 공동불법행위 (2) : 복수의 불법행위에 의한 공동불법행위의 성립

대법원 1998. 2. 13. 선고 96다7854 판결

: 대한적십자사의 주의의무 위반으로 인한 에이즈 감염행위와 의사의 수혈시의 설명의무 위반으로 인한 환자의 자기결정권 침해행위가 공동불법행위를 구성하는지 여부(소극)

678. 공동불법행위 (3) : 복수의 불법행위에 의한 공동불법행위의 성립

대법원 2010. 2. 11. 선고 2009다68408 판결

: 공동불법행위책임에 대한 과실상계에서 피해자의 공동불법행위자 각인에 대한 과실비율이 서로 다른 경우 피해자 과실의 평가 방법 및 공동불법행위자 중에 고의로 불법행위를 한 자가 있는 경우 모든 불법행위자가 과실상계의 주장을 할 수 없게 되는지 여부(소극)

679. 공동불법행위 (4) : 구상권 행사에 있어서 구상범위의 제한

대법원 2001. 1. 19. 선고 2000다33607 판결

: 불법행위에 있어서 부진정연대채무자에게 구상권을 행사하는 경우, 부

담 부분의 비율을 판단하는 기준 및 신의칙에 의한 구상권 행사의 제한

680. 공동불법행위 (5) : 구상권의 발생시기

대법원 1997. 12. 12. 선고 96다50896 판결

: 공동불법행위자 간의 구상권의 발생 시점(=공동면책행위를 한 때)

681. 자동차손해배상책임

대법원 2009. 10. 15. 선고 2009다42703,42710 판결

: 자동차손해배상 보장법 제3조에서 말하는 '자기를 위하여 자동차를 운행하는 자'의 의미

제15문

일조침해, 공해소송 등

I. 甲은 제1토지를 매수하여 소유권이전등기를 마친 뒤 그 지상에 10층 건물(제1건물)을 건축하기 위하여 자기 명의로 건축허가를 받은 후 2014. 4. 2. 건설회사인 乙 회사에게 건축공사를 도급주었다. 공사가 완료되면 甲 명의로 소유권이전등기를 하기로 약정하였다. 그리고 丙 회사는 2014. 1. 8. 제1토지의 서쪽에 붙어있는 제2토지를 매수하여 소유권이전등기를 마친 뒤 그 토지 위에 공사를 하여 2015. 1. 2. 지상 5층의 상가건물을 건립하였다. 한편 제1토지와 제2토지의 북쪽 방향으로 붙어있던 제3토지에는 2011. 3. 5. 완공된 단층 주택의 소유자인 丁이 거주하고 있다.

　　乙 회사는 2014. 12. 무렵 제1건물에 대한 골조 및 지붕과 주벽 등의 공사를 마쳤으나, 그 후 甲과 공사대금 지급과 관련한 분쟁이 생겨서 제1건물이 사실상 완성된 후에도 甲 명의의 소유권보존등기를 마치지 않았다. 또한 丙 회사는 제2토지상의

주택을 건립하여 소유권보존등기를 마친 후 戊에게 매도하고 2015. 5 2. 소유권이전등기를 마쳤다.

그런데 위 제1건물과 제2건물의 신축으로 제3건물에 대한 일조량이 급격히 줄어들어 2014. 12. 무렵 丁 소유 주택의 연속 일조시간은 1.5시간, 총 일조시간은 3.5시간으로, 실무상 일조침해의 인정기준이 되는 "동지일을 기준으로 연속일조시간 2시간 이상, 총 일조시간 4시간 이상"을 확보하지 못하는 정도에 이르게 되었다.

丁은 일조로 인하여 생활이익이 침해되었다고 주장하면서, 제1건물과 제2건물 전체의 철거와 정신적 손해에 대한 손해배상을 청구하고자 한다. 누구를 상대로 어떤 청구원인을 구성하여야 하는지(청구의 성질 및 근거조문 명시), 소멸시효완성의 문제는 없는지를 논거를 들어 서술하라. 판단의 기준시점은 소송 제기일인 2018. 12. 4이다.

A. 문제의 소재

생활방해로 인한 생활이익이 침해되었을 때, 일정한 수인한도를 넘어서면 제214조, 제217조 또는 764조의 유추적용에 의하여 철거청구가 가능하다. 생활이익의 침해는 인정되나 물권적 청구권을 행사할 정도의 수인한도에 이르지 않은 경우에는 불법행위를 이유로 한 손해배상청구가 가능하다.

생활이익으로서의 일조침해 및 방해 성립 여부, 수인한도에 이르는지 여부, 청구의 상대방, 소멸시효 등에 대하여 검토한다.

B. 일조침해의 성립 여부

사안에서는 현재 실무상 통용되는 기준을 넘어서는 피해가 발생하였고, 제3건물은 이미 존재하고 있던 주택으로서 그 소유자인 丁에게 일조침해가 성립하였다고 봄이 상당하다.

C. 철거청구

1. 청구원인

사안에서 일조침해가 발생하였고 그 침해는 계속되고 있어 丁에 대한 방해를 구성한다. 현재까지의 주류적 판례에 따르면 일조방해를 이유로 한 건물철거청구는 소유권에 기한 방해배제청구(제214조)로서, 토지 소유자 丁은 정당한 철거청구권자이다. 일조이익에 대한 침해로서의 불법행위를 원인으로, 인격권침해에 대한 제764조를 유추하여, 그 피해자인 丁이 건물철거청구를 할 수 있다는 학설상의 주장도 상정할 수 있다. 제217조(생활방해)에 기초하여 "적당한 조처"의 일환으로 건물철거청구를 구할 수 있다는 주장도 생각할 수 있지만 일조방해는 불가량물의 유입에 해당하지 않으므로 사안에서는 적용할 수는 없을 것이다.

2. 청구의 상대방

방해상태를 지배하는 건물의 소유자 또는 처분권자가 철거청구의 상대방이다.

제1건물에 있어서는 도급으로 인한 건물의 소유관계가 문제되는바, 수급인 乙 회사가 재료와 비용을 들여 건축하였더라도, 도급인 甲 명의로 건축허가를 받았고 甲 명의로 소유권보존등기를 마치기로 하였으므로 토지와 구별되는 별도의 소유권의 객체가 될 수 있는 상태의 제1건물에 대한 소유권은 甲에게 원시적으로 귀속된다. 한편 B 회사에게는 제1건물에 대한 사실상, 법률상 처분권이 있다고 볼 만한 사정이 없다.

제2건물에 대해서는 현재 방해상태를 지배하고 있는 소유자 戊이다.

D. 정신적 손해에 대한 배상

생활이익의 침해로 손해가 발생한 경우, 그 침해를 한 자에 대하여 손해배상청구가 가능하다. 따라서 제1건물에 대해서는 갑, 제2건물에 대해서는 병이 침해자이다. 위 갑과 병의 침해행위는 객관적 공동성이 있어서 공동불법행위를 구성한다.

제1건물에 있어서 乙 회사는 수급자로서 도급계약에 기한 의무이행으로서 건물을 건축하는 것이므로 원칙적으로는 상대방이 될 수 없다. 그러나 도급인 갑과 사실상 공동 사업주체로서 이해관계를 같이하면서 건물을 건축한 경우 등 특별한 사정이 있다면 乙도 상대방으로 삼을 수 있다.

E. 소멸시효

소유권에 기한 방해배제청구의 경우에는 방해가 지속되는 한 소멸시효에 걸리지 않는다. 그러나 불법행위에 기한 손해배상청구는 소멸시효에 걸리는바, 대판 2008. 4. 17. 2006다35865(전합)의 다수의견에 의하면, 재산적 손해와 정신적 손해를 구별하지 않고, 일반적으로 골조공사 완료시부터 손해배상청구권의 소멸시효가 진행한다. 사안에서 제1건물에 대해서는 2014. 12. 무렵, 제2건물의 경우는 늦어도 완공시점인 2015. 1. 부터 소멸시효가 진행하는바, 그로부터 3년이 경과함으로써 이미 단기 소멸시효가 완성되었다.

그러나 건물철거의무가 인정될 정도의 일조 침해가 있는 경우에는 그 부작위 자체가 매일 새로운 불법행위를 구성하므로 개별적으로 소멸시효 진행한다. 사안이 이에 해당한다면, 소제기일(2018. 12. 4.)로부터 역산하여 3년이 경과한 부분에 대해서는 소멸시효가 완성되지 않았다.

Ⅱ. [기초사실] D 회사에 의하여 제조되어 1961년부터 1971년까지 베트남전에서 막대한 양으로 살포된 고엽제의 유해물질에 노출되면서 각종 질병을 앓게 되었다고 주장하는 베

트남전 참전군인 P1, P2, P3, P4는 D 회사를 상대로 민법 제
750조에 기하여 1999. 9. 30. 손해배상을 청구하는 소를 제기
하였다.

I-1.   법원은 P1 등이 주장하는 질환을 특이성 질환과 비특
이성 질환으로 구분한 다음, 특정 병인에 의하여 발생하고 원
인과 결과가 명확히 대응하는 '특이성 질환'(이 사건에 있어서 여
드름)을 앓고 있는 P1, P2, P3에 대해서는 위 고엽제의 노출
과 위 질환 사이의 인과관계를 인정하였다. 또한 당뇨병과 같
은 비특이성 질환(발생 원인 및 기전이 복잡다기하고, 유전·체질 등의
선천적 요인, 음주, 흡연, 연령, 식생활습관, 직업적·환경적 요인 등 후천
적 요인이 복합적으로 작용하여 발생하는 질환을 말한다)을 앓고 있는
P4에 있어서도 특정 위험인자와 그 비특이성 질환 사이에 역학
적으로 상관관계가 있음이 밝혀지는 등 P4가 베트남전에서 고
엽제에 노출되어 각 보유 질병에 걸렸을 상당한 개연성이 있음
을 원고들이 증명한 이상, D가 반증으로 P4가 베트남에 복무할
당시 노출된 고엽제가 각 보유 질병을 발생하게 할 정도의 농
도가 아니라거나, 그 질병에 관하여 실제 고엽제에 노출된 베
트남전 참전군인의 발병률이 고엽제에 노출되지 아니한 집단
과 유사하거나 그보다 낮다는 점을 증명하거나, 또는 P4가 보
유한 질병이 전적으로 다른 원인에 의하여 발생한 것임을 증명
하여야만 그 책임을 면할 수 있는데, 이를 인정할 만한 증거가

없다는 이유로 P4의 청구를 인용하였다.

　　P4의 청구부분에 대한 위 법원의 판단은 상고심인 대법원
에 의하여 번복되었다. 대법원의 논리를 간단히 설명하라.

　　비특이성 질환의 경우에는 특정 위험인자와 비특이성 질환 사이
에 역학적 상관관계가 인정된다 하더라도, 어느 개인이 위험인자에
노출되었다는 사실과 비특이성 질환에 걸렸다는 사실을 증명하는
것만으로 양자 사이의 인과관계를 인정할 만한 개연성이 증명되었
다고 볼 수 없다. 이러한 경우에는 위험인자에 노출된 집단과 노출되
지 않은 다른 일반 집단을 대조하여 역학조사를 한 결과 위험인자에
노출된 집단에서 비특이성 질환에 걸린 비율이 위험인자에 노출되
지 않은 집단에서 비특이성 질환에 걸린 비율을 상당히 초과한다는
점을 증명하고, 그 집단에 속한 개인이 위험인자에 노출된 시기와 노
출 정도, 발병시기, 위험인자에 노출되기 전의 건강상태, 생활습관,
질병 상태의 변화, 가족력 등을 추가로 증명하는 등으로 위험인자에
의하여 비특이성 질환이 유발되었을 개연성이 있다는 점을 증명하
여야 한다.

Ⅱ-2.　미국에서는 1970년부터 베트남전에 참전한 퇴역군인
　　들이 고엽제로 인한 건강상의 피해를 호소하게 되었고 많은 소
　　송이 제기되었으나 소송결과는 일률적이지 않았으나 1990년

부터 국가보상과 지원을 하게 되었다. 우리나라에서는 1990년
대 초반에 이르러서야 고엽제의 후유증에 대한 논의가 본격적
으로도 이루어졌고, 1992년 제정된 특별법에 따라 베트남참
전군인들이 고엽제후유증환자 판정을 받고 그에 관한 등록을
마칠 무렵 고엽제 노출과 보유 질병 사이의 인과관계에 관하
여 적절한 근거를 가지게 되었다. 한편 고엽제와 인과관계 있
는 특이성 질환을 앓고 있는 위 질환의 발병일이 각각 1985년
(P1), 1987년(P2), 1990년(P3)임을 제출된 진단서를 통하여 밝
혀졌는데, 위 특별법에 따른 등록은 P1이 1995년, P2, P3는
1997년에 마쳤다.

　가. D는 P1, P2, P3의 청구권에 대하여 소멸시효가 완성되
었다고 항변한다.
　D 항변의 당부를 판단하라. 단, 소멸시효항변의 남용에 대
한 논점은 제외한다.

　나. D의 소멸시효의 항변이 권리남용에 해당하여 받아들
여질 수 없다고 하면, 결과적으로 일정한 기간 내에 제기된 소
는 적법하다. 사안에서 D의 소멸시효 항변이 권리남용에 해당
한다고 볼 수 있는 이유에 대하여 설명하고, 소멸시효가 완성
되었음에도 결과적으로 채무자의 소멸시효의 항변을 저지할
수 있는 청구는 누구의 청구인지를 논거를 들어 밝히라.

II-2-가

A. 결론

P3는 소멸시효가 완성되지 않았으나, P1, P2는 장기소멸시효가 완성하였고, P1은 단기소멸시효도 완성하였다.

B. 논거

1. 단기소멸시효

불법행위로 인한 손해배상청구권은 피해자나 그 법정대리인이 그 손해 및 가해자를 안 날부터 3년간 이를 행사하지 아니하면 시효로 소멸한다(제766조 제1항). 여기서 '손해 및 가해자를 안 날'이란 피해자나 그 법정대리인이 손해 및 가해자를 현실적이고도 구체적으로 인식한 날을 의미하며, 그 인식은 손해발생의 추정이나 의문만으로는 충분하지 않고, 손해의 발생사실뿐만 아니라 가해행위가 불법행위를 구성한다는 사실, 즉 불법행위의 요건사실에 대한 인식으로서 위법한 가해행위의 존재, 손해의 발생 및 가해행위와 손해 사이의 인과관계 등이 있다는 사실까지 안 날을 뜻한다(대판 2011. 3. 10. 2010다13282). 그리고 피해자 등이 언제 불법행위의 요건사실을 현실적이고도 구체적으로 인식한 것으로 볼 것인지는 개별 사건의 여러 객관적 사정을 참작하고 손해배상청구가 사실상 가능하게 된 상황을 고려하여 합리적으로 인정하여야 하고(대판 2002. 6. 28. 2000다 22249), 손해를 안 시기에 대한 증명책임은 소멸시효 완성으로 인한 이익을 주장하는 자에게 있다(대판 2001. 9. 14. 99다42797).

사안에서 베트남전 참전군인들이 국가를 상대로 고엽제 노출로 인한 피해보상 등을 요구하기 시작한 것은 고엽제 노출로 인한 손해에 관하여 적절한 근거를 가지고 한 것이 아니므로, 그 무렵 고엽제 노출로 인한 손해에 대하여 손해배상청구권의 행사를 가능하게 할 정도의 현실적이고 구체적인 인식이 있었다고 볼 수 없고, 그들이 특별법에 의하여 고엽제후유증환자 판정을 받고 그에 관한 등록을 마칠 무렵에 고엽제 노출과 보유 질병 사이의 인과관계에 관하여 적절한 근거를 가지게 됨으로써 현실적이고 구체적으로 인식하게 되었다고 봄이 상당하므로, 위 등록을 마친 날부터 3년이 경과하기 전에 이 사건 소를 제기한 P2, P3에 대해서는 단기소멸시효가 완성되었다고 할 수 없고, P1에 대해서는 단기소멸시효가 완성되었다.

2. 장기소멸시효

불법행위를 한 날부터 10년을 경과한 때에도 손해배상청구권이 시효로 소멸한다(제766조 제2항). 그런데 가해행위와 이로 인한 손해의 발생 사이에 시간적 간격이 있는 불법행위에 기한 손해배상청구권의 경우, 위와 같은 장기소멸시효의 기산점이 되는 '불법행위를 한 날'은 객관적·구체적으로 손해가 발생한 때, 즉 손해의 발생이 현실적인 것으로 되었다고 할 수 있을 때를 의미하고, 그 발생시기에 대한 증명책임은 소멸시효의 이익을 주장하는 자에게 있다(대판 1992. 5. 22. 선고 91다41880).

사안에서 진단서에 의하여 발병이 밝혀진 시점에서 장기소멸시 효가 기산된다고 할 것이고, P1, P2는 장기소멸시효가 완성되었다.

II-2-나

A. 소멸시효항변의 권리남용

소멸시효를 이유로 한 항변권의 행사도 민법의 대원칙인 신의성 실의 원칙과 권리남용금지의 원칙의 지배를 받는 것이어서 채무자 가 소멸시효 완성 후 시효를 원용하지 아니할 것 같은 태도를 보여 권리자로 하여금 이를 신뢰하게 하였고, 채무자가 그로부터 권리행 사를 기대할 수 있는 상당한 기간 내에 자신의 권리를 행사하였다면, 채무자가 소멸시효 완성을 주장하는 것은 신의성실 원칙에 반하는 권리남용으로 허용될 수 없다. 그런데 채무자가 소멸시효의 이익을 원용하지 않을 것 같은 신뢰를 부여한 경우에도 채권자는 그러한 사 정이 있은 때로부터 상당한 기간 내에 권리를 행사하여야만 채무자 의 소멸시효의 항변을 저지할 수 있는데, 여기에서 '상당한 기간' 내 에 권리행사가 있었는지는 채권자와 채무자 사이의 관계, 신뢰를 부 여하게 된 채무자의 행위 등의 내용과 동기 및 경위, 채무자가 그 행 위 등에 의하여 달성하려고 한 목적과 진정한 의도, 채권자의 권리행사가 지연될 수밖에 없었던 특별한 사정이 있었는지 여부 등을 종합적으로 고려하여 판단할 것이다. 다만 신의성실의 원칙을 들어 시효완성의 효력을 부정하는 것은 법적 안정성의 달성, 입증곤란의 구제, 권리행사의 태만에 대한 제재를 이념으로 삼고 있는 소멸시효 제도에 대한 대단히 예외적인 제한에 그쳐야 한다.

B. 상당한 기간 내의 권리 행사

그런데 위 권리행사의 '상당한 기간'은 특별한 사정이 없는 한 민법상 시효정지의 경우에 준하여 단기간으로 제한되어야 한다. 그러므로 개별 사건에서 매우 특수한 사정이 있어 그 기간을 연장하여 인정하는 것이 부득이한 경우에도 불법행위로 인한 손해배상청구의 경우 그 기간은 아무리 길어도 민법 제766조 제1항이 규정한 단기소멸시효기간인 3년을 넘을 수는 없다고 보아야 한다(대판 2013. 5. 16. 2012다202819 전합).

C. 사안의 경우

사안에 의하면, 장기소멸시효기간 경과 P1 등이 고엽제후유증환자로 등록하여 자신의 피부 질환이 염소성여드름에 해당하고 그것이 D가 제조·판매한 고엽제에 노출된 것과 관련이 있다는 점을 알게 됨으로써 D에 대한 손해배상청구권의 존재에 관하여 인식할 수 있게 되기까지는 이들에게 객관적으로 D를 상대로 고엽제 피해와 관련한 손해배상청구권을 행사할 것을 기대하기 어려운 장애사유가 있었다고 봄이 상당하다. 그러므로 장기소멸시효기간 경과 P1 등이 고엽제후유증환자로 등록한 후 상당한 기간인 3년 내에 자신들의 권리를 행사하였다면, D가 이들에 대하여 소멸시효의 완성을 주장하는 것은 신의성실의 원칙에 반하는 권리남용에 해당하여 허용될 수 없다고 할 것이다.

따라서 소멸시효가 완성된 P1, P2의 청구 중 등록일로부터 3년 내에 소를 제기한 P2는 구제되는 반면, 위 기간 후에 소를 제기한 P1은 구제되지 못한다.

[표준판례]

647. 불법행위의 성립요건(6) : 인과관계(1) - 공해소송

대법원 1991. 7. 23. 선고 89다카1275 판결

: 농장의 관상수들이 고사하게 된 직접원인은 한파로 인한 동해이지만 인근 공장에서 배출된 아황산가스의 일부가 대기를 통하여 위 농장에 도달됨으로 인하여 유황이 잎 내에 축적되어 수목의 성장에 장해가 됨으로써 동해에 상조작용을 한 경우에 있어 공장주의 손해배상책임을 인정한 사례

652. 불법행위의 성립요건(11) : 인격권의 침해

대법원 2005. 1. 17.자 2003마1477 결정

: 인격권으로서의 명예권에 기초하여 가해자에 대해 현재의 침해행위의 배제 또는 장래의 침해행위의 금지를 청구할 수 있는지 여부(적극)

654. 불법행위의 성립요건(13) : 일조침해와 수인한도

대법원 2002. 12. 10. 선고 2000다72213 판결

: 일조방해에 대한 공법적 규제의 사법적 의미 및 건물 신축이 건축 당시의 공법적 규제에 형식적으로 적합하다고 하더라도 현실적인 일조방해의 정도가 현저하게 커 사회통념상 수인한도를 넘는 경우, 위법행위로 평가되는지 여부(적극)

682. 제조물책임(1)

대법원 2014. 4. 10. 선고 2011다22092 판결

: 제조물에 설계상의 결함이 있는지 판단하는 기준과 담배에 표시상의 결함의 인정여부

683. 제조물책임(2) : 의약품의 설계상의 결함과 표시상의 결함

대법원 2008. 2. 28. 선고 2007다52287 판결

: 제조물책임에 있어서 설계상의 결함이 있는지 여부의 판단 기준 및 의약품의 설계상 결함에 관한 판단에서 특히 고려할 사항

684. 제조물책임(3) : 혈액제재와 제조물책임법

대법원 2011. 9. 29. 선고 2008다16776 판결

: 바이러스에 감염된 환자가 제약회사를 상대로 바이러스에 오염된 혈액제제를 통하여 감염되었다는 것을 손해배상책임의 원인으로 주장하는 경우, 혈액제제 결함 또는 제약회사 과실과 피해자 감염 사이에 인과관계가 있는지에 관한 증명책임의 정도 및 판단 기준

685. 의료과오책임(1) : 과실상계

대법원 2015. 11. 27. 선고 2011다28939 판결

: 피해자의 체질적 소인이나 치료의 위험도 등을 고려한 의사의 손해배상책임 제한

686. 의료과오책임(2) : 의료과오의 추정

대법원 1995. 2. 10. 선고 93다52402 판결

: 피해자측에서 의료상의 과실 있는 행위를 입증하고 그 결과와 사이에 의료행위 외에 다른 원인이 개재될 수 없다는 점을 증명한 경우, 의료상의 과실과 결과 사이의 인과관계를 추정할 것인지 여부(긍정)

687. 의료과오책임(3) : 입증방해이론
대법원 1995. 3. 10. 선고 94다39567 판결
: 의사측의 진료기록 변조행위를 입증방해행위로서 의사측에게 불리한 평가를 하는 자료로 삼을 수 있는지 여부(긍정)

686. 의료과오책임(4) : 의사의 설명의무의 대상과 범위
대법원 1996. 4. 12. 선고 95다56095 판결
: 후유증이나 부작용 등의 위험발생 가능성이 희소한 경우, 의사의 설명의무가 면제될 수 있는지 여부(소극)